André Uzulis

Der vergebliche Krieg – 20 Jahre Bundeswehr in Afghanistan. Geschichte und Bilanz

Der vergebliche Krieg

20 Jahre Bundeswehr in Afghanistan
Geschichte und Bilanz

André Uzulis

2024

Carola Hartmann Miles-Verlag

Bibliografische Information der Deutschen Nationalbibliothek
Die Deutsche Nationalbibliothek verzeichnet diese Publikation in der Deutschen Nationalbibliografie; detaillierte bibliografische Daten sind im Internet über www.dnb.de abrufbar.

Druck: BOD – Books on Demand, Norderstedt

Titelbild: Collage zweier Fotos der Agentur Imago

Printed in Germany

ISBN: 978-3-96776-038-5
eBook: 978-3-96776-087-3

Inhalt

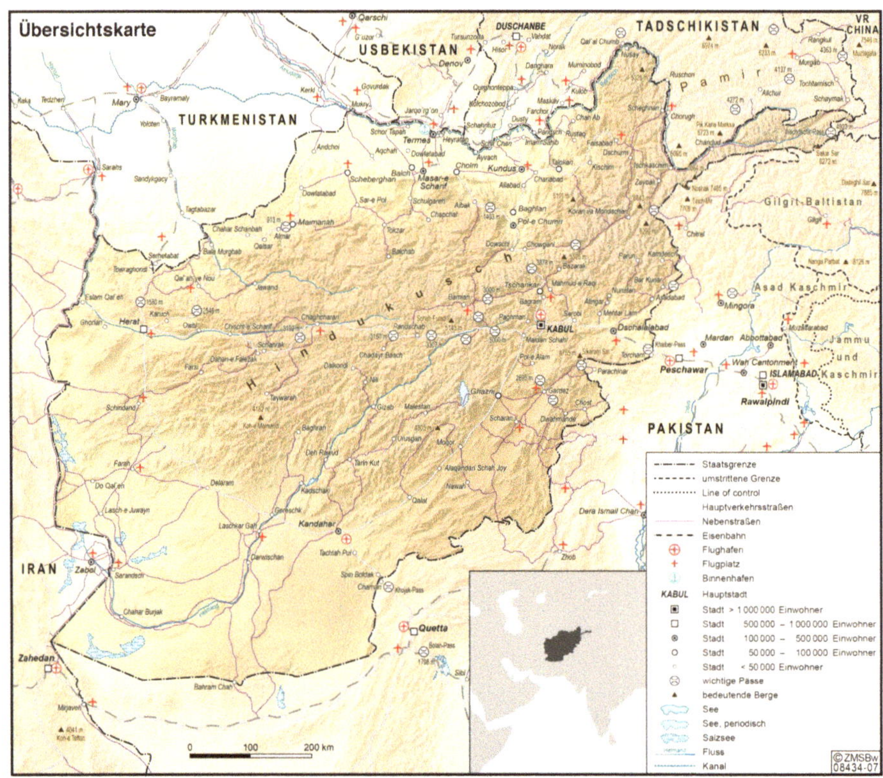

Afghanistan ist etwa 1,8-mal so groß wie Deutschland. Das Gebirge des Hindukusch prägt weite Teile des Landes.

Vorwort

20 Jahre ihrer rund 70-jährigen Geschichte war die Bundeswehr in Afghanistan im Einsatz. In keinen anderen Auslandseinsatz wurden so viele deutsche Soldaten geschickt – es waren über 90.000. In keinem anderen Einsatz fanden so viele Bundeswehrangehörige den Tod: 59. Nur die Mission im Kosovo dauerte noch länger, hatte aber keinen vergleichbaren Einfluss auf die Truppe. Afghanistan hat die Bundeswehr geprägt. Eine ganze Generation Soldaten vom Gefreiten bis zum General hat am Hindukusch zum Teil extreme Erfahrungen gesammelt, viele haben das reale Gefecht erlebt, fast alle den Mangel an Rückhalt in der deutschen Politik und Gesellschaft. Etliche sind krank an Leib und Seele in die Heimat zurückgekehrt. Andere hat die Zeit in Afghanistan stärker und selbstbewusster gemacht, sie haben anschließend erfolgreich ihren Weg innerhalb oder außerhalb der Bundeswehr fortgesetzt.

Das fremde Land, seine Konflikte und ein Einsatz, dem kein Erfolg beschieden war, verbindet diese Männer und Frauen aus allen Teilen der Gesellschaft, die für Deutschland am Hindukusch gedient haben. Deutschland und die internationale Gemeinschaft wollten Afghanistan zu einem besseren Land machen – und sind damit in jeder Hinsicht gescheitert. Der Krieg dort, so stellt es sich in der Rückschau dar, war vergeblich.

Schon kurze Zeit nach dem unrühmlichen Ende des westlichen Engagements im August 2021 und der erneuten Machtübernahme durch die Taliban ist Afghanistan aus dem kollektiven Bewusstsein der Deutschen verschwunden. Schon Jahre zuvor war die Stimmung gekippt, hätte dieser Krieg nach der Mehrheitsmeinung der Deutschen beendet werden sollen. Nachdem der Vorhang des Dramas dann im August 2021 gefallen war, wurde es schnellstmöglich verdrängt. Andere sicherheitspolitische Themen schoben sich in den Vordergrund, vor allem der Überfall Russlands auf die Ukraine am 24. Februar 2022. Dieser völkerrechtswidrige Angriffskrieg eines imperialistischen Staates auf ein friedliches Nachbarland führte zu einer Neubesinnung der Bundeswehr auf ihre eigentliche, auch im Grundgesetz postulierte Aufgabe: die Landes- und Bündnisverteidigung. Der Strategiewechsel vollzog sich angesichts der Brutalität des russischen Kriegs in der Ukraine in enormer Geschwindigkeit. Von einer Zeitenwende war die Rede.

Wende kann auch bedeuten, dass man sich von etwas *abwendet* – in diesem Fall von dem, was nicht mehr aktuell ist, was abgeschlossen ist, was niemanden mehr interessiert: Afghanistan. So wichtig der Wiederaufbau der Verteidigungsfähigkeit Deutschlands im Rahmen der Landes- und Bündnisverteidigung ist, so bedauerlich ist, dass der zwei Jahrzehnte dauernde Afghanistan-

Einsatz, der so bedeutend für die Bundeswehr war, in Vergessenheit gerät. Der Bundestag arbeitet zwar in einer Enquetekommission und in einem Untersuchungsausschuss mit unterschiedlichen thematischen Schwerpunkten das Thema Afghanistan auf. Das öffentliche Interesse daran hielt sich aber in Grenzen und dürfte nach Vorlage der Abschlussberichte beider Gremien vollends versiegen. Das haben die deutschen Soldaten, die in Afghanistan eingesetzt waren, nicht verdient. Dass Vorgänge in der Vergangenheit nach mehr oder weniger kurzer Zeit historisiert werden, ist dem Gang der Dinge geschuldet. Das Leben geht weiter, neue Themen kommen auf, neue Herausforderungen stellen sich. Aber die Erinnerung sollte aufrechterhalten werden. Wer sich für eine bestimmte Epoche interessiert, sollte leicht zugängliche Informationen zur Verfügung haben, um zu verstehen, was passiert ist und warum es passiert ist.

Darum geht es in diesem Buch. Es ist die erste konzise Einzeldarstellung des Bundeswehreinsatzes in Afghanistan. Das Zentrum für Militärgeschichte und Sozialwissenschaften der Bundeswehr in Potsdam arbeitet an einem mehrbändigen Opus Magnum, in dem der Bundeswehreinsatz am Hindukusch in größtmöglicher Tiefe und Breite analysiert wird. Bis dieses Standardwerk vollständig vorliegt, werden noch Jahre vergehen. Auf dem Buchmarkt fehlte bislang ein Überblick über die Vorgeschichte und die Geschichte des Bundeswehrengagements in Afghanistan. Diese Lücke möchte dieses Buch schließen. Ich danke dem Miles-Verlag, dass er diese Publikation ermöglicht hat und hoffe, dass sie einen Beitrag dazu leisten kann, dass nicht vergessen wird, was deutsche Soldaten in Kabul, Kunduz, Faizabad, Masar-e Scharif und den jeweiligen Außenposten geleistet haben – und was sie auch erleiden mussten.

Dr. André Uzulis
Hontheim, Januar 2024

Afghanistan war der gefährlichste Einsatz der Bundeswehr. Immer wieder gerieten deutsche Soldaten in bedrohliche Situationen, wie am 22. Oktober 2011 bei der Operation Nawabad im Norden Afghanistans: Nachdem sich ihre Fahrzeuge vom Typ Dingo festgefahren hatten, sicherten Bundeswehrangehörige in einem Sandsturm die Umgebung.

Foto: Imago

Eine zerrissene deutsche Flagge an einem Jeep Wolf der Bundeswehr in Afghanistan.

Foto: Imago

Geschichte Afghanistans – ein Überblick

Während die heutige Bezeichnung Afghanistan noch recht jung ist, blickt das Land selbst auf eine Geschichte zurück, die bedeutend länger ist als beispielsweise die Deutschlands. Es tritt erstmals als Provinz des antiken Persischen Reiches in Erscheinung, das im 6. Jahrhundert vor unserer Zeitrechnung entstand. Die Perser bezeichneten die Gebiete südlich und südöstlich des Hindukuschs sowie im Nordwesten des heutigen Pakistans als „Land der Afghanen". Der Begriff Afghanistan stammt aus dem Persischen. Griechische und römische Geographen nannten die Region zwischen Persien und Indien Ariana, wörtlich „Land der Arier". Dieses antike Ariana sehen afghanische Historiker heute als den legitimen historischen Ursprung ihres Landes. Dort lebte überwiegend das Volk der Paschtunen.

Der Beginn der neueren afghanischen Geschichte wird auf 1747 datiert: In diesem Jahr begründete Achmad Schah eine Königsdynastie, die bis 1973 andauerte. Kandahar – heute nach Kabul und Herat die drittgrößte Metropole des Landes – wurde Hauptstadt. Doch schon Timur Schah, der Sohn Achmad Schahs, verlegte den Regierungssitz nach Kabul. Er wollte sich damit aus der Abhängigkeit des Adels lösen. Jedoch misslang die Schaffung einer zentralen Staatsgewalt; die Dynastie blieb von mehr oder weniger mächtigen Provinzfürsten abhängig, die Partikularinteressen vertraten – ein Phänomen, das bis in die jüngste Zeit zu beobachten ist. Zudem lähmten Streitigkeiten die Zentralregierung. Diese gingen so weit, dass zeitweise mehrere Prätendenten Anspruch auf den Thron erhoben. So bekämpften sich die Clans der Ghilsai und der Durrani, aber selbst innerhalb der herrschenden Durrani konkurrierten mehrere Zweige untereinander. Die afghanische Geschichte kannte von Anfang an steten Zwist und nur kurzlebige Regierungen. Stabilität war die Ausnahme.

Im 19. Jahrhundert drangen die Briten in die Region vor. Sie lösten die Moguln-Herrschaft auf dem indischen Subkontinent ab. Die Briten übernahmen den Begriff Afghanistan aus dem Persischen und machten aus dem Land ein halbautonomes Protektorat mit definierten Grenzen, in denen Emir Abdur Rahman Khan ab 1880 einen Staat im modernen Sinne aufbaute. Während die Briten von Indien her nach Afghanistan vordrangen, expandierte im Norden das Zarenreich. Im so genannten „Great Game", den drei Kriegen des 19. Jahrhunderts um Afghanistan, gerieten Russen und Briten in Konflikt um die Vorherrschaft in Zentralasien.

Den Begriff „Great Game" prägte der von 1835 bis 1840 in Mittelasien eingesetzte britische Geheimdienstoffizier Arthur Conolly. Durch den Roman „Kim" des Schriftstellers Rudyard Kipling („Das Dschungelbuch") fand er weite Verbreitung. Ziel zaristischer Politik war es, in den Besitz eisfreier Häfen am Indischen Ozean zu gelangen. Für die Briten war die Gegend hingegen Dreh- und Angelpunkt ihres Weltreichs, schon allein wegen des benachbarten Indiens, dem Anker des Empire. In Afghanistan stießen daher britische und russische Interessen direkt aufeinander. Es ging um Macht und um geostrategische Vorteile von größter Bedeutung. London wollte sich Einfluss in Afghanistan sichern, um den Vorstoß Russlands nach Süden aufzuhalten. In mehreren Kriegen versuchte sich die Weltmacht, in Afghanistan festzusetzen, was trotz militärischer Erfolge auf Dauer nicht wirklich gelang. Das Land wurde zu einem „Pufferstaat"[1], bei dem es nicht weiterging – weder für die Russen Richtung Süden noch für die Briten Richtung Norden. Zum Symbol des sich lang hinziehenden und von einem enormen Blutzoll begleiteten Scheiterns wurde das Bild des Arztes eines britischen Regiments, Dr. William Brydon, der als einziger Überlebender seines Verbandes auf einem geschundenen Klepper mehr tot als lebendig den schicksalhaften Khyber-Pass erreichte, hinter ihm nichts als Verderben.[2] Er überbrachte die Kunde von der ersten britischen Niederlage überhaupt in einem Kolonialkrieg.

Theodor Fontane hielt sich 1855 bis 1859 als Auslandskorrespondent der „Centralstelle für Preßangelegenheit" in London auf und wurde später selbst Kriegsreporter auf europäischen Schlachtfeldern. Er fasste das anderthalb Jahrzehnte zurückliegende Scheitern der Briten 1859 in einer Ballade unter dem Titel „Das Trauerspiel von Afghanistan" zusammen:

Der Schnee leis stäubend vom Himmel fällt,
Ein Reiter vor Dschellalabad hält,
„Wer da?" – „Ein britischer Reitersmann,
Bringe Botschaft aus Afghanistan."

Afghanistan! Er sprach es so matt,
Es umdrängt den Reiter die halbe Stadt,
Sir Robert Sale, der Kommandant,
Hebt ihn vom Rosse mit eigener Hand.

Sie führen ins steinerne Wachthaus ihn,
Sie setzen ihn nieder an den Kamin,

Wie wärmt ihn das Feuer, wie labt ihn das Licht,
Er atmet hoch auf und dankt und spricht:

---

[1] Chiari, Bernhard (Hg.): Afghanistan (Reihe Wegweiser zur Geschichte, hg. vom Zentrum für Militärgeschichte und Sozialwissenschaften der Bundeswehr, neu bearb. von Karl-Heinz Lutz), Paderborn 2020, S. 21.
[2] Vgl. Stürmer, Michael: Trompetensignal für den Westen, in: Die Welt, 19.8.2021.

„Wir waren dreizehntausend Mann,
Von Kabul unser Zug begann,
Soldaten, Führer, Weib und Kind,
Erstarrt, erschlagen, verraten sind.

Zersprengt ist unser ganzes Heer,
Was lebt, irrt draußen in der Nacht umher,
Mir hat ein Gott die Rettung gegönnt,
Seht zu, ob den Rest ihr retten könnt."

Sir Robert stieg auf den Festungswall,
Offiziere, Soldaten folgten ihm all',
Sir Robert sprach: „Der Schnee fällt dicht,
Die uns suchen, sie können uns finden nicht.

Sie irren wie Blinde und sind uns so nah,
So lasst sie's hören, dass wir da,
Stimmt an ein Lied von Heimat und Haus,
Trompeter blast in die Nacht hinaus!"

Da huben sie an und sie wurden's nicht müd',
Durch die Nacht hin klang es Lied um Lied,
Erst englische Lieder mit fröhlichem Klang,
Dann Hochlandslieder wie Klagegesang.

Sie bliesen die Nacht und über den Tag,
Laut, wie nur die Liebe rufen mag,
Sie bliesen – es kam die zweite Nacht,
Umsonst, dass ihr ruft, umsonst, dass ihr wacht.

Die hören sollen, sie hören nicht mehr,
Vernichtet ist das ganze Heer,

Mit dreizehntausend der Zug begann,
Einer kam heim aus Afghanistan.[3]

Was war passiert? Im Januar 1842 hatten 12.000 Zivilisten, 690 britische und 2.840 indische Soldaten nach einer Revolte der Afghanen den Rückzug aus Kabul, das nicht mehr zu halten war, angetreten. Es sollte zunächst nach Dschalalabad gehen. An das ausgehandelte freie Geleit hielten sich die Afghanen nicht. Der Tross riss auseinander, bei Angriffen starben erst 3.000 Menschen, wenig später kamen die Überlebenden bei Schneefall und eisigen Temperaturen und bei weiteren Kämpfen um oder gerieten in Gefangenschaft.

---

[3] In: Theodor Fontane, Sämtliche Romane, Erzählungen, Gedichte, Nachgelassenes, Darmstadt 1995, Bd. 6, S. 164f.

Das „Great Game" war zum Trauerspiel für die europäische Supermacht geworden – und ein Menetekel für die Zukunft.[4]

„Graveyard of Empire", Totenacker der Weltreiche – das war Afghanistan nicht nur für Briten und Russen, sondern unserer Tage auch für Amerikaner und die gesamte NATO. Immerhin: Das kaiserliche Deutschland und auch später die Weimarer Republik unterhielten stets gute wirtschaftliche Beziehungen zu den Afghanen, was das bis heute hohe Ansehen Deutschlands in der Region begründete.

1893 wurde das Land von den Briten entlang der Durand-Linie geteilt, benannt nach dem damaligen Außenminister der britischen Kolonie Indien, Henry Mortimer Durand. Die südlich dieser Linie gelegenen Gebiete kamen zur britischen Kronkolonie. Problematisch war, dass die Durand-Linie durch paschtunisches Siedlungsgebiet gezogen wurde und dieses teilte. Der dritte anglo-afghanische Krieg 1919 führte schließlich zur Anerkennung Afghanistans als souveränen Staat durch die Briten im Vertrag von Rawalpindi. Der zähe Widerstand der Afghanen in den zurückliegenden 60 Jahren hatte die Briten zermürbt und kriegsmüde gemacht, die kurz nach dem Ende des Ersten Weltkriegs in Europa ohnehin erschöpft waren.

Emir (ab 1926 König) Ghazi Amanullah Khan orientierte sich am türkischen Vorbild Kemal Atatürk: Trennung von Staat und Religion, Schulpflicht für Jungen und Mädchen, gleiche Rechte für alle Afghanen unabhängig von Stammeszugehörigkeit und Religion. Diese Modernisierungsversuche scheiterten am erbitterten Widerstand paschtunischer Stämme, die das Land zeitweise in einen Bürgerkrieg stürzten. Die Reformen blieben ein Elitenprojekt und wurden vom größten Teil der Bevölkerung abgelehnt. Sie sahen darin einen Angriff auf ihre traditionelle Lebensweise und die relative Unabhängigkeit ihrer Stämme.

Amanullahs Nachfolger, König Nadir Schah (Regierungszeit 1930-1933) und König Sahir Schah (1933-1973), gingen als konstitutionelle Monarchen innerhalb eines parlamentarischen Zwei-Kammer-Systems behutsamer vor. So wurde die Schulpflicht zunächst für Jungen, später auch für Mädchen eingeführt, Frauen erhielten das Wahlrecht. Nach einiger Zeit kamen die Frauen an den Hochschulen an; ihr Anteil dort stieg von Jahr zu Jahr. Die Zentralregierung in Kabul ernannte Gouverneure und garantierte die Pressefreiheit. In den Städten entwickelte sich ein säkular ausgerichtetes Bürgertum, die Kabuler Jazzclubs galten als die besten des Orients, die Verwaltung funktionierte leidlich, das Land versorgte sich weitgehend selbst. Es gab einen Staat und nicht nur ein Potemkinsches Dorf, beschrieb der Orientalist und Schriftsteller

---

[4] Vgl. auch: https://schmid.welt.de/2014/12/27/das-trauerspiel-von-afghanistan/

Navid Kermani diese Phase der Konsolidierung.[5] Mercedes-Benz baute im Land Lastwagen, die hauptsächlich nach Indien exportiert wurden. 1965 wurde die Bezeichnung Afghane als Staatsangehöriger Afghanistans in der Verfassung verankert. Der Westen interessierte sich in dieser Zeit kaum für das abgelegene Land. Die wenigen Touristen aus Europa und den USA, die nach Afghanistan kamen, empfanden es als Sehnsuchtsland, als Inbegriff des friedlichen Orients.

Doch angesichts der nicht zu überwindenden wirtschaftlichen Rückständigkeit blieb die Situation fragil. 1973 putschte ein Neffe des Königs Sahir Schah, Mohammed Daoud Khan, und schaffte die Monarchie ab. Der König floh ins Exil nach Italien. Eine 40-jährige Periode weitgehenden Friedens ging damit zu Ende. Die Fäden im Hintergrund zog die Sowjetunion. Daoud rief die Republik aus und wurde erster Präsident des Landes. Allerdings wurde er seinerseits nur fünf Jahr später in der so genannten Saurrevolution afghanischer Kommunisten gestürzt, da seine Versuche zu weiteren raschen Reformen am erbitterten Widerstand der konservativen Landbevölkerung gescheitert waren, die zumeist in archaischen Strukturen lebte. Die Kommunisten wollten, unterstützt von der Sowjetunion, das Ruder übernehmen. Es war die Hoch-Zeit der Blockkonfrontation, und Moskau war darauf aus, seine Einflusssphäre zu erweitern. Die Demokratische Volkspartei Afghanistans, wie die kommunistische Partei sich nannte, rief die Demokratische Republik Afghanistan aus. Diese stützte sich direkt auf Moskau ab, konnte den Widerstand islamischer Milizen aber nicht brechen.

Deshalb marschierten sowjetische Soldaten 1979 in Afghanistan ein. Damit begann auf diesem „Graveyard of Empire" nun auch der Niedergang der Sowjetunion. Nach der Landung einer Einheit sowjetischer Fallschirmjäger zu Weihnachten 1979 und dem Überschreiten der sowjetisch-afghanischen Grenze durch Panzertruppen begann ein zehn Jahre andauernder Krieg. Hunderttausend Mann schickte Moskau in das Nachbarland. Die USA warfen dem Kreml vor, in zaristischer Tradition nach einem eisfreien Hafen am Indischen Ozean zu streben. Tatsächlich ging es der Führung in Moskau um die Durchsetzung der Breschnjew-Doktrin, nach der ein einmal von Kommunisten geführtes Land nicht wieder in die Hände „reaktionärer Kräfte" fallen dürfe.[6] Die Sowjetunion und die kommunistische afghanische Regierung kämpften bis 1989 gegen Guerillagruppen (Mudschahedin), die von den USA, Saudi-Arabien und Pakistan unterstützt wurden. Die USA unter Präsident Ronald Reagan – finanziell unterstützt von wahabitischen Golfstaaten – verteilten an die Mudschahedin großzügig „Stinger"-Boden-Luft-Raketen, die

---

[5] Navid Kermani, Für drei Dollar am Tag, in: FAZ 26.8.2021.
[6] Vgl. Chiari (2020), S. 40.

ebenso einfach zu bedienen wie treffsicher waren. Damit verloren die gefürchteten sowjetischen Kampfhubschrauber ihre Luftüberlegenheit, und die Dinge nahmen ihren Lauf in Richtung eines zermürbenden Low-intensitywar. 1989, zwei Jahre vor dem Zusammenbruch der Sowjetunion, zog Moskau seine Truppen ab.

Dieser Krieg kostete einer Million der damals 15 Millionen Afghanen das Leben. Tausende Dörfer wurden zerstört.[7] Die von Moskau eingesetzte Regierung unter Präsident Mohammed Nadschibullah konnte sich noch bis 1992 halten, dann nahmen die Mudschaheddin Kabul ein. Der neue russische Präsident Boris Jelzin hatte Nadschibullah die weitere Unterstützung versagt. Nadschibullah wurde 1996 von den Taliban zu Tode gefoltert. Seinen Leichnam banden sie an ein Fahrzeug und schleiften ihn durch die Straßen, ehe sie ihn an einer Straßenlaterne aufhängten.

Die erhoffte Befriedung blieb aber aus. Denn nach dem Sturz des kommunistischen Präsidenten begann ein Machtkampf unter den siegreichen Milizen, die zwar eine Exilregierung gebildet hatten, sich aber nicht auf einen gemeinsamen Weg in die Zukunft einigen konnten. Vier Jahre lang kämpften die inzwischen untereinander zerstrittenen Sieger über die Besatzungsmacht und ihre Marionettenregierung um die Macht in Kabul. In dieser Situation gelang es den Taliban – wiederum unterstützt von den USA und Pakistan – nach und nach, ihre Herrschaft über das Land auszudehnen. Sie konnten sich dabei zunächst der Unterstützung durch die Bevölkerung sicher sein, denn diese sehnte sich ein Ende des Bürgerkriegs zwischen den Kriegsfürsten der Mudschahedin herbei, die eben keine Autoritäten im klassischen Sinne wie die traditionellen Stammesführer waren, sondern ihre Macht erst im Kampf gegen die Rote Armee aufgebaut hatten. Die Taliban versprachen ein Ende der Herrschaft der Mudschahedin und islamische Gerechtigkeit.[8]

Die sunnitisch-extremistische Taliban-Bewegung entstand in den religiösen Schulen für afghanische Flüchtlinge in Pakistan, wo sie sich radikalisierte.[9] Anfangs war es eine Gruppe von nicht mehr als 50, 60 Männern, die allerdings rasch Zulauf bekam. Ihr Gründer war Mullah Mohammad Omar, ein aus ärmlichen Verhältnissen stammender Dorfprediger, der in den 1980er-Jahren als Mudschahedin-Kommandeur gegen die Sowjets gekämpft und dabei ein Auge verloren hatte. Seine Gefolgsleute nannten sich Taliban (Schüler), weil ihre Gründungsmitglieder Studenten von Mullah Omar waren.

---

[7] Vgl. ebda.
[8] Vgl. Tilgner, Ulrich: Krieg im Orient, Berlin 2020, S. 35f.
[9] Vgl. für den folgenden Abschnitt: Spalinger, Andrea: „Die Taliban sind in Afghanistan erneut an der Macht: Wer sind sie? Wer führt sie an? Wie sind sie organisiert?", in: Neue Zürcher Zeitung, 17. August 2021.

1994 traten die Taliban erstmals militärisch in Erscheinung, als sie von Kandahar aus die Eroberung des Südens, des Ostens und der Mitte Afghanistans einleiteten. Ihr Erfolgsrezept war es, dass sie die unter den Warlords grassierende Kriminalität und Korruption effizient bekämpften. Damit stießen sie auf Zustimmung in der Bevölkerung, denn die Menschen waren kriegsmüde und hatten genug von der bisherigen Machtclique. Sie begrüßten die Taliban, weil die Gotteskrieger für Ruhe und Ordnung sorgten. Dass es sich um eine Friedhofsruhe handeln würde, war zumindest am Anfang ihrer Herrschaft noch nicht klar.

Doch schon bald zeigten sie ihr wahres Gesicht, als sie mit großer Brutalität die Scharia in ihrer engsten Auslegung durchsetzten. Mädchen wurde der Schulbesuch verboten, Frauen durften nicht mehr ohne Begleitung das Haus verlassen und mussten Burka tragen, Männer mussten sich Bärte wachsen lassen. Kriminelle oder jene, die man so bezeichnete, wurden öffentlich ausgepeitscht. Es herrschte ein Schrecken, den mittelalterlich zu nennen dem Mittelalter unrecht tut, wie Navid Kermani anmerkte.[10] Der Westen nahm zunächst kaum Notiz davon. Afghanistan war ein Fall für außenpolitische Experten. Das jedoch sollte sich bald ändern.

1996 gelang den Taliban die Eroberung Kabuls. Zwischen 1996 und 2001 errichteten sie ein Islamisches Emirat, einen fundamentalistischen Gottesstaat, von dem aus die Anschläge des 11. September 2001 organisiert wurden. Wegen der drakonischen Maßnahmen gegen alle, die nicht in ihr radikal-rückwärtsgewandtes Weltbild passten, verloren die Taliban an Legitimität, zumal sie es auch nicht schafften, elementare Bedürfnisse der Bevölkerung zu befriedigen. Ihre Regierungszeit geriet mehr und mehr zu einer Terrorherrschaft. Allerdings regte sich militärischer Widerstand in vielen Regionen. Die volle territoriale Kontrolle über ganz Afghanistan hatten die Taliban zu keinem Zeitpunkt.

Die Machthaber in Kabul gewährten der Gruppierung Al-Qaida („Die Basis") von Osama bin Laden Unterschlupf, der von Afghanistan aus in aller Ruhe den größten Terroranschlag der Geschichte plante. Bin Laden landete mit seiner Entourage bereits am 18. Mai 1996 auf dem Flughafen der ostafghanischen Stadt Dschalalabad[11] und richtete sich in Afghanistan ein.

1998, keine zwei Jahre nach der Übersiedlung bin Ladens nach Afghanistan, waren die USA erstmals mit einem massiven und erfolgreichen Angriff der Al-Qaida-Kämpfer konfrontiert, als bin Ladens Leute Bomben an den US-Botschaften in Kenia und Tansania legten. Bin Laden wurde plötzlich von

---

10 Kermani (2021).
11 Said, Behnam T.: Geschichte al-Qaidas, München 2018, S. 57.

einer marginalen Figur zu einem weltweit bekannten Terroristen, den die amerikanischen Sicherheitsbehörden von nun an ganz oben auf ihren Verbrecherlisten führten. Tot oder lebendig wollte US-Präsident George Bush ihn gefasst sehen.

Der 11. September 2001 und die Folgen

Die Anschläge vom 11. September 2001 lösten in der gesamten westlichen Welt Entsetzen und Besorgnis aus. Um 8.46 Uhr Ortszeit war an jenem Tag ein Flugzeug der American Airlines in den Nordturm des World Trade Centers in New York geflogen. Um 9.03 Uhr raste eine Maschine der United Airlines in den Südturm. Beide Bürogebäude stürzten in den folgenden anderthalb Stunden in sich zusammen. Eine weitere Boeing von American Airlines krachte um 9.37 Uhr in den Südflügel des Pentagon, dem amerikanischen Verteidigungsministerium. Eine andere Passagiermaschine, ebenfalls ein United-Airlines-Flug, stürzte über einem Feld bei Shanksville im Staat Pennsylvania ab. Dieses Flugzeug sollte vermutlich ins Weiße Haus oder in den Landsitz des US-Präsidenten, Camp David, gesteuert werden, was verzweifelte Passagiere im Kampf mit den Entführern verhindern konnten. Insgesamt starben an diesem Tag bei den Attentaten 2.977 Amerikaner und Staatsangehörige von 92 weiteren Ländern, darunter elf Deutsche. Mehr als 6.000 Menschen wurden verletzt. Es war der fürchterlichste Terroranschlag, den die Welt je gesehen hat. 19 Terroristen waren daran unmittelbar beteiligt.

Die Botschaft der unfassbaren Tat wurde angesichts von Ort und Zielauswahl schnell klar:[12] In New York sollte der wirtschaftliche Nerv der westlichen Führungsmacht USA getroffen werden, in Washington das politische Zentrum der Vereinigten Staaten. Nach der ersten Schockstarre kamen die westlichen Geheimdienste zu dem Schluss: Nur eine global operierende Terrororganisation war in der Lage, einen strategisch, logistisch und operativ so umfangreichen Terroranschlag zu organisieren. Die Geheimdienste begannen fieberhaft zu arbeiten und stießen rasch auf die Spur Osama bin Ladens, der verschanzt in den afghanischen Bergen und geduldet von den das Land regierenden Taliban die Strippen zog. Die Taliban waren einer größeren Weltöffentlichkeit erst wenige Monate zuvor so recht bekannt geworden: durch die Sprengung der Buddha-Statuen von Bamiyan am 12. März 2001, ein kultureller Frevel sondergleichen.

---

[12] Vgl. für den folgenden Abschnitt: Tophoven, Rolf: „Singuläres Ereignis", in: loyal 9/2021.

Bin Laden war für den Westen kein unbeschriebenes Blatt. Er stammte aus einer reichen saudi-arabischen Unternehmerfamilie und unterstützte schon in den 1980er-Jahren von Peshawar in Pakistan aus den Kampf der Mudschahedin in Afghanistan gegen die sowjetische Besatzungsmacht. Vielen in der Region galt er als Held. Über Nacht wurde er nach dem 11. September 2001 zum meistgesuchten Terroristen der Welt. Die USA verlangten von den Taliban ultimativ die Überstellung bin Ladens, was diese jedoch ablehnten. Bin Laden selbst übernahm erst 2004 in einer vom Sender Al Jazeera verbreiteten Videobotschaft die Urheberschaft für die Anschläge vom 11. September.

Im Zug der internationalen Großfahndung wurden auch Al-Qaida-Zellen und -Netzwerke in Deutschland entdeckt. Einer der Todespiloten von New York, Mohammed Atta, hatte als Student in einer bürgerlichen Scheinlegalität in Hamburg gelebt und sich ebenso wie seine Gesinnungsbrüder einem fanatischen Hass auf die westliche Welt und ihrem Lebensstil hingegeben. Den Inhalt des Korans deuteten er und die anderen Al-Qaida-Terroristen zu einer militanten Ideologie um, in der es letztlich nur noch um die Vernichtung der „Ungläubigen" ging. Dies schloss auch islamische Staaten wie Saudi-Arabien ein, die in einem engen wirtschaftlichen Austausch mit den USA und Europa standen.

Die Vereinten Nationen verurteilten am 12. September 2001 in der Resolution 1368 die Anschläge, werteten sie als bewaffneten Angriff auf die Vereinigten Staaten sowie als Bedrohung für den Frieden und erklärten es für legitim, dass Staaten gegen künftige terroristische Bedrohungen vorgehen. Die damalige US-Regierung unter Präsident George W. Bush reagierte auf die Anschläge mit einem Kurswechsel: Terrorbekämpfung wurde zur zentralen Aufgabe der US-Außenpolitik. Präsident Bush sprach gar von einem „Krieg gegen den Terror". In Folge der Anschläge vom 11. September rief die NATO am 4. Oktober 2001 zum ersten und bislang einzigen Mal den Bündnisfall nach Artikel 5 aus. Nach diesem Artikel des Nordatlantikvertrags wird ein bewaffneter Angriff gegen eines oder mehrerer Mitglieder als ein Angriff gegen alle angesehen. Alle NATO-Mitglieder sind dann verpflichtet, den Beistand zu leisten, den sie für erforderlich erachten, um die Sicherheit des nordatlantischen Gebiets wiederherzustellen. Die Initiative dafür ging allerdings nicht, wie es zu erwarten gewesen wäre, von den USA aus, sondern kam aus der NATO-Verwaltung und den beim Bündnis akkreditierten Botschaftern.[13]

---

[13] Vgl. Philipp Münch: Ein paradoxer Krieg. Der Einsatz der Bundeswehr in Afghanistan, in: Maurer, J. / Rink, M. (Hg.) Einsatz ohne Krieg? Die Bundeswehr nach 1990 zwischen politischem Auftrag und militärischer Wirklichkeit, Göttingen 2021, S. 157.

Nur drei Tage später, am 7. Oktober 2001, marschierten amerikanische Truppen unter dem Jubel der einheimischen Bevölkerung, die unter den Taliban massiv gelitten hatte, in Afghanistan ein. Der Krieg gegen den Terror begann nun ganz real, mit *troops on the ground*. Die Amerikaner wurden unterstützt von der Nordallianz, einem Zweckbündnis afghanischer Milizen, das die Taliban bekämpfte. Die Nordallianz war 1996 als Reaktion auf den landesweiten Vormarsch der Taliban gegründet worden. Sie vereinte tadschikische, usbekische und Hazara-Warlords. Ihre wichtigsten Köpfe waren Ahmad Schah Massoud und Raschid Dostum. Die Nordallianz konnte dank amerikanischer Unterstützung bis Ende 2001 fast ganz Afghanistan erobern. Die ersten Amerikaner waren im Rahmen der Operation Jawbreaker bereits am 26. September 2001 auf afghanischem Boden: eine Gruppe von sieben CIA-Agenten und drei Piloten landete im Pandschir-Tal in einem russischen Hubschrauber vom Typ Mil-Mi 17 und nahm Verbindung zu den Anführern der Nordallianz auf. Der Hubschrauber ist heute am Sitz der CIA in Langley ausgestellt.

Es begann die Operation Enduring Freedom (OEF), die zum Ziel hatte, bin Laden und weitere Drahtzieher des 11. September zu fassen und die Taliban-Diktatur, die Al-Qaida Unterschlupf gewährt hatte, zu stürzen. Afghanistan sollte nicht wieder zu einem sicheren Hafen für Terroristen werden. Die OEF operierte auf dem halben Globus, nicht nur in Afghanistan, sondern auch im Indischen Ozean, in Afrika südlich der Sahara und auf den Philippinen. 17 Staaten stellten anfangs Truppen, die vom Central Command der US-Streitkräfte in Tampa/Florida geführt wurden. In Afghanistan ging es Schlag auf Schlag: am 19. und 20. Oktober 2001 eroberten 300 US-Ranger in einer ersten großen Bodenoperation einen Flugplatz in der Nähe von Kandahar. Am 9. November wurde Masar-e Scharif als erste Stadt von der Taliban-Herrschaft befreit. Zwischen dem 11. und 13. November nahm die Nordallianz Kabul ein. Am 7. Dezember wurde die Taliban-Hochburg Kandahar befreit. Taliban-Chef Mullah Omar gelang jedoch die Flucht; er soll 2013 in Pakistan an Tuberkulose gestorben sein.

In der Schlacht um Tora Bora, einem Höhlenkomplex an der afghanisch-pakistanischen Grenze, versuchten amerikanische Truppen und Nordallianz-Kämpfer vom 12. bis 17. Dezember 2001, Osama bin Laden festzusetzen, der sich jedoch nach Pakistan absetzen konnte. Er wurde erst zehn Jahre später entdeckt und am 2. Mai 2011 durch ein Kommando der US-Navy Seals getötet. Im Verlauf der Schlacht von Tora Bora setzten die Amerikaner eine der stärksten Fliegerbomben der Welt ein: die sechs Tonnen schwere BLU-82-B „Daisy Cutter". An der Schlacht beteiligt waren auch Bundeswehrsoldaten vom Kommando Spezialkräfte, die zur Aufklärung und Abriegelung sowie zum Flankenschutz eingesetzt wurden.

Der massive Militärschlag von US-Truppen zusammen mit Kämpfern der Nordallianz führte zur Zerstörung der Trainingslager der Terroristen in Afghanistan und zur Befreiung des ganzen Landes von den Taliban. Am 17. Dezember wurde ihre Diktatur und das Islamische Emirat Afghanistan nach fünf Jahren, zwei Monaten und 20 Tagen aufgelöst. Afghanistan war formell wieder frei. Am 20. Dezember 2001 begann in dem Land die ISAF-Mission, die International Security Assistance Force, auf Grundlage der Resolution 1386 des UN-Sicherheitsrats mit einer zunächst auf Kabul und Umgebung begrenzten Zuständigkeit. Außerhalb Kabuls führten die USA die Operation Enduring Freedom weiter.

Nicht lange nach dem Sturz der Taliban und der Einsetzung des neuen Staatspräsidenten Burhanuddin Rabbani wandten sich die Vereinigten Staaten dem Irak und seinem Diktator Saddam Hussein zu, ohne eine kohärente Strategie für den Aufbau Afghanistans und ohne das Land halbwegs stabilisiert zu haben. Am 20. März 2003 begann die amerikanische Invasion im Irak. Die USA hatten zwar einen Machtwechsel in Afghanistan erzwungen, wie aber aus dem Land eine Demokratie nach westlichem Vorbild werden sollte, war unklar. Der traditionelle amerikanische Idealismus war ebenso gigantisch wie die Kenntnis von Land und Leuten gering. Während sich der Idealismus spätestens unter Präsident Donald Trump geradezu in sein Gegenteil verkehrte, bestand die Unwissenheit Amerikas und des Westens insgesamt über das, was Afghanistan ausmacht, fort. Der rasend schnelle Siegeszug der Taliban im Sommer 2021, der angeblich von niemandem vorhergesagt worden war, zeigte das.

Die westlichen Verbündeten bremsten die USA zu Beginn der 2000er-Jahre nicht. Sie ließen sich im Gegenteil zum Mitmachen überreden oder drängten sich gar wie Deutschland (wie noch zu zeigen sein wird) den Amerikanern auf. „Der Krieg wurde mit der noblen, aber gefährlichen Idee des ‚nation building‘ in eine neue Dimension geschleudert“, schrieb der Historiker und Publizist Michael Stürmer.[14] Es wurden von Anfang an im Umgang mit den Afghanen schwere Fehler gemacht. Beispielsweise widersprach es vehement der afghanischen Kultur mit ihren unterschiedlichen ethnischen Gruppen, regionalen Unterschieden und familiären Verästelungen, eine Zentralregierung einzusetzen, die in die Provinzen hineinregieren sollte.[15]

Präsident Bush zog zudem – und das war ein weiterer Fehler – für den Irakkrieg frühzeitig Ressourcen aus Afghanistan ab, ohne auch nur eines der Probleme des Landes gelöst zu haben, abgesehen vom Austausch der

---

[14] Stürmer (2001).
[15] Vgl. Schwarzkopf, Andreas: Der völlig verunglückte Demokratieexport, in: Frankfurter Rundschau 20.8.2021.

Regierung. Mit der falschen Behauptung, Saddam Hussein plane den Einsatz von Massenvernichtungswaffen und sei in die Anschläge vom 11. September verwickelt, griffen die USA ohne UN-Mandat in den Irak ein. Am 13. Dezember 2003 nahmen amerikanische Soldaten den irakischen Diktator in der Nähe seiner Heimatstadt Tikrit fest. 2005 wurde ihm in Bagdad der Prozess gemacht, 2006 folgte das Urteil: Tod durch Erhängen. Es wurde am 30. Dezember 2006, dem Tag des islamischen Opferfestes, vollstreckt. Nach dem später erfolgten weitgehenden Abzug der US-Truppen stieg im Irak der aus Al-Qaida hervorgegangene Islamische Staat (IS) auf, der 2014 auf irakischem Boden ein Kalifat gründete: der erste islamistische Terrorstaat der Geschichte. Die Idee einer staatlichen Einheit unter dem Gesetz des Korans hatte und hat immer noch unter Islamisten einen besonderen Reiz. Allein aus Deutschland zogen 1.070 Islamisten in die Region.[16] Dieses Kalifat, das zeitweise die Größe Großbritanniens hatte und auch Teile Syriens einschloss, wurde erst 2019 von einer Koalition der Willigen unter Führung der USA zerschlagen. An der terroristischen DNA seiner Führer und Anhänger hat sich indes nichts geändert. Die Gewaltidee des IS sei „gleichsam testamentarisch festgezurrt", stellte der US-Terrorforscher Bruce Hoffman fest.[17]

Al-Qaida hatte in der Geschichte des internationalen islamistischen Terrorismus – sei es im Irak, in Syrien, in Europa – ein neues Kapitel aufgeschlagen. Die Anhänger Osama Bin Ladens hatten am 11. September 2001 bewiesen, dass es möglich war, Massenvernichtungswaffen gegen den verhassten Westen einzusetzen, ohne dass dabei nukleare, biologische oder chemische Substanzen verwendet wurden, was westliche Experten immer als Voraussetzung für einen derart gigantischen Terroranschlag angesehen hatten – Stichwort „schmutzige Bombe". Für die westliche Staatengemeinschaft begann unter der Führung der USA nun ein jahrzehntelanger Kampf gegen diese Form des Terrors. Ein neuerlicher Anschlag wie am 11. September 2001 sollte in jedem Fall verhindert werden, das war das oberste Ziel. Afghanistan wurde in diesem Kampf zum entscheidenden Schauplatz. Deutschland sollte sich nach der Vertreibung der Taliban daran maßgeblich beteiligen.

---

[16] Vgl. Tophoven (2021).
[17] Zit. ebda.

Deutsche Beteiligung an der ISAF-Mission

Die Rolle Deutschlands erscheint inzwischen in der Forschung in einem neuen Licht. Bislang herrschte die Überzeugung vor, dass Washington Berlin zur Übernahme von Verantwortung im Antiterrorkampf gedrängt habe. Dass dies mitnichten der Fall war, sondern die Bundesregierung ganz im Gegenteil selbst eine Beteiligung forcierte, hat Philipp Münch vom Zentrum für Militärgeschichte und Sozialwissenschaften der Bundeswehr (ZMSBw) in seiner Dissertation von 2014 nachgewiesen.[18] Nach den Anschlägen in den USA war das Mitgefühl in Deutschland mit den USA zunächst grenzenlos. In dieser Stimmung versprach Bundeskanzler Gerhard Schröder (SPD) den Vereinigten Staaten „uneingeschränkte Solidarität".

Implizit bedeutete dies, dass Deutschland auch bereit war, einen Beitrag zur Bekämpfung der hinter dem 11. September steckenden Terrorgruppen zu leisten. Jedoch äußerte die US-Regierung kein Interesse daran, trotz der mehrfach von Seiten Berlins vorgetragenen Bereitschaft, eine aktive Rolle bei dem Gegenschlag zu spielen. Das von Colin Powell geleitete US-Außenministerium strebte zwar eine möglichst breite *politische* Unterstützung seiner Antwort auf den Anschlag an, eine größere *militärische* Komponente der Verbündeten wünschte die US-Administration anfänglich jedoch nicht. Insbesondere Verteidigungsminister Donald Rumsfeld wollte sich nicht in amerikanische Operationen hineinreden lassen und sich nicht in einer Koalitionskriegführung verzetteln. Zu negativ sind die Erfahrungen der Amerikaner mit einem solchen Modell im Jugoslawienkrieg wenige Jahre zuvor gewesen. Eine Beteiligung vieler Nationen, so das Kalkül in Washington, würde keine entscheidenden zusätzlichen militärischen Fähigkeiten, keinen praktischen Nutzen, dafür aber jede Menge Abstimmungsschwierigkeiten und Beteiligungsanforderungen mit sich bringen.[19] Dass es anders kommen sollte, kann in der Rückschau auf den Einsatz des gesamten Westens in Afghanistan und sein klägliches Scheitern als gar nicht tragisch genug eingeschätzt werden. Wie Afghanistan heute aussehen würde, hätten die USA 2001/2002 ihren Krieg gegen den Terror in aller Konsequenz alleine durchgezogen, bleibt eine hypothetische Frage.

Auslandseinsätze der Bundeswehr waren in Deutschland von Beginn an ein emotional aufgeladenes Thema. Nicht das – im Gegensatz zu anderen Ländern – für die Streitkräfte zuständige Parlament hatte in den 1990er-Jahren

---

[18] Vgl. Münch, Philipp: Die Bundeswehr in Afghanistan. Militärische Handlungslogik in internationalen Interventionen, Freiburg/Berlin/Wien 2015. Ferner Münch (2021) S. 151ff.
[19] Vgl. ebda, S. 157.

Einsätze außerhalb des Bündnisgebiets der NATO, also *out of area*, vorangetrieben, sondern das Bundesverfassungsgericht. Die Parlamentarier zeigten damals eine bemerkenswerte Unentschlossenheit und warteten lieber ab, bis sich, um nur ein Beispiel zu nennen, die Beteiligung deutscher Soldaten an den internationalen Besatzungen von AWACS-Aufklärungsflugzeugen der NATO auf juristischem Wege geklärt hatte, anstatt selbst eine Entscheidung hierüber zu treffen – was von ihnen zu erwarten gewesen wäre. Es dauerte bis zum Ende der 1990er-Jahre, bis ein gemeinsames Verständnis darüber, was die Bundeswehr international jenseits des NATO-Gebiets überhaupt darf, juristisch und politisch gefunden war.

Allerdings blieb auch nach der höchstrichterlichen Klärung das Thema ein politisches Minenfeld, auf dem viel herumgeeiert wurde. So spielte die Bundeswehr in allen ihren Einsatzgebieten eine für ausländische Kameraden und Beobachter schwer verständliche Sonderrolle und tut es zuweilen bis heute. Diese war und ist dadurch geprägt, dass Bundeswehrsoldaten an der Seite ihrer internationalen Kameraden nicht oder zumindest nicht so einfach kämpfen durften, wie man es von einem Verbündeten erwarten konnte. Deutschland scheute lange Zeit die Verantwortung.

Solidaritätsbekundungen auf internationalem Parkett, mithin warme Worte, wurden hingegen immer schnell ausgesprochen. So war es auch nach den Anschlägen vom 11. September 2001. In der Innenpolitik fackelte die Bundesregierung jedoch nicht lange und schuf in erstaunlicher Durchsetzungskraft neue Fakten. Die Anschläge auf das World-Trade-Center waren Anlass für eine ganze Reihe von innen- und sicherheitspolitischen Gesetzesreformen, die – das darf ohne Übertreibung gesagt werden – eine Zäsur in der deutschen Rechtsgeschichte darstellen. Der damalige Bundesinnenminister Otto Schily (SPD) forderte eine übergeordnete Behörde, um Sicherheitsmaßnahmen auf Landes- und Bundesebene besser koordinieren zu können. Zum 1. Mai 2004 wurde das Bundesamt für Bevölkerungsschutz und Katastrophenhilfe in Bonn eingerichtet. Im selben Jahr nahm ein Terrorabwehrzentrum in Berlin seine Arbeit auf. Zudem wurden im sogenannten Antiterrorismuspaket drei Milliarden Euro zusätzlich für Nachrichtendienste, die Bundeswehr, den Bundesgrenzschutz (seit 2005: Bundespolizei), das Bundeskriminalamt und den Generalbundesanwalt bereitgestellt.

Bestehende Gesetze wurden verschärft: Das Religionsprivileg im Vereinsgesetz wurde insoweit eingeschränkt, als dass fortan weltanschauliche Gemeinschaften den gleichen Verbotskriterien unterlagen wie alle anderen Vereine. Das Strafgesetzbuch wurde dergestalt ergänzt, dass seitdem die Mitgliedschaft in terroristischen Vereinigungen sowie Sympathieerklärungen strafbar sind, selbst wenn die Terrorgruppe in Deutschland keine Infrastruktur unterhält.

Als schärfste strafrechtliche Neuerung galt die Einführung eines Straftatbestands der schweren staatsgefährdenden Gewalttat.

Das Sicherheitsüberprüfungsgesetz wurde ergänzt und auf weitere Personengruppen – etwa Angestellte von Krankenhäusern, Rundfunkanstalten oder Energieerzeugern – ausgedehnt. Weitere Verschärfungen betrafen das MAD- und das BND-Gesetz, das Bundesgrenzschutzgesetz und das Bundeskriminalamtsgesetz. Diese Behörden bekamen erheblich ausgedehnte Kompetenzen. Der Verfassungsschutz erhielt einen erweiterten Beobachtungsauftrag. Es sollten bessere Rahmenbedingungen für den Informationsaustausch geschaffen werden, um die Einreise von Terroristen nach Deutschland zu verhindern beziehungsweise Verdächtige im Inland besser identifizieren und überwachen zu können.

Mit all diesen Maßnahmen sollte unter dem Eindruck des 11. September 2001 der internationale Terrorismus in Deutschland schon im Vorfeld von Anschlägen bekämpft werden. Die oppositionelle FDP sah in den verschiedenen Sicherheitspaketen der rot-grünen Bundesregierung die Ausgewogenheit zwischen Sicherheit und Freiheit sowie bürgerliche Grundrechte gefährdet und lehnte sie ab. Zwar wurden die nach dem 11. September 2001 vorgenommenen Verschärfungen mit einem Verfallsdatum versehen, weil auch die Regierungsparteien eingestehen mussten, dass die Wirkungen auf die Grundrechte problematisch waren. In der Realität ist bis zum heutigen Tag allerdings keines dieser erweiterten Gesetze wieder zurückgenommen worden. Sie alle wurden immer wieder verlängert und wirken fort, auch wenn Al-Qaida längst besiegt ist.

Bundeskanzler Schröder war willens und bereit, sich an der amerikanisch geführten Operation Enduring Freedom zu beteiligen, mit der der internationale Terrorismus in einem Gebiet von zehntausenden Quadratkilometern bekämpft werden sollte. Zwischen der SPD und den Grünen war die deutsche Beteiligung allerdings derart umstritten, dass Schröder sich gezwungen sah, für die Zustimmung die Vertrauensfrage zu stellen. Es war das erste Mal, dass ein Bundeskanzler die Vertrauensfrage mit einer Sachfrage verknüpfte.

Der Bundestag verabschiedete am 19. November 2001 mit einer hauchdünnen Mehrheit von nur zehn Stimmen ein entsprechendes Mandat. Deutschland hatte ja überhaupt erst nach der Wiedervereinigung 1990 begonnen, sich über humanitäre Hilfseinsätze hinaus an bewaffneten internationalen Missionen zu beteiligen. Der Einsatz von deutschen Bombern im Kosovo-Krieg 1999 war dabei ein historischer Einschnitt. Zum ersten Mal seit 1945 standen deutsche Soldaten in einem Kampfeinsatz, wenn auch nur in der Luft. Mehr als 280 Raketen schossen deutsche Tornado-Kampfflugzeuge auf serbische

Radarstellungen ab. Doch der Einsatz von Landstreitkräften zur Terroristenjagd, wie er nun bevorstand, war noch einmal etwas anderes.

Die Bundesregierung sagte der Anti-Terror-Koalition zunächst 100 Soldaten des Kommandos Spezialkräfte (KSK) ohne Lufttransportkapazitäten für den OEF-Einsatz in Afghanistan zu – ein eher symbolischer Beitrag zur Untermauerung der Bündnissolidarität. Dem damaligen Generalinspekteur Harald Kujat schwebten indes ganz andere Dimensionen vor: 10.000 Mann Spezialkräfte, leichte Infanterie, Artillerie und Logistik sowie eine Tornado-Einheit wollte er bereitstellen – eine Offerte, die nicht mit Verteidigungsminister Rudolf Scharping (SPD) abgesprochen war.[20] So forsch sollte es dann doch nicht laufen; zu groß war die Angst vor öffentlicher Kritik an einer kriegerisch wirkenden Politik und vor möglichen deutschen Gefallenen. Kujats Vorschlag schien in der NATO jedenfalls interessiert aufgenommen worden zu sein und schadete ihm nicht. Er stand vor dem nächsten Karriereschritt und wurde im Jahr darauf Vorsitzender des Militärausschusses der Allianz.

Die Amerikaner nahmen die in einen Verfügungsraum nach Oman entsandten KSK-Soldaten zunächst nicht ernst; erst auf deutsches Drängen hin wurden sie von der US-Air Force nach Afghanistan eingeflogen und dort „für abseitige Aufgaben wie Patrouillen oder Objektschutz"[21] eingesetzt, wie sie Spezialkräfte normalerweise nicht wahrnehmen. Außerdem entsandte die Bundesrepublik ein Kontingent von 250 ABC-Abwehrsoldaten mit sechs ABC-Spürpanzern Fuchs sowie Sanitäter nach Kuwait. Bis auf eine kurzzeitige Lufttransportunterstützung für US-Streitkräfte von Deutschland in die Türkei zwischen dem 26. November 2001 und dem 10. Januar 2002, bei der 540 Tonnen Material und 160 Passagiere befördert wurden, war der deutsche Beitrag in dieser frühen Phase des OEF-Einsatzes militärisch weitgehend ohne größere Wirkung.

Die Amerikaner hatten am 7. Oktober 2001 damit begonnen, Ziele in ganz Afghanistan mit Marschflugkörpern anzugreifen. 44 Stunden dauerte diese Welle. Es war die bis dahin längste Einzeloperation der US-Luftstreitkräfte seit dem Vietnamkrieg. Am 9. November 2001 eroberten die mit den USA verbündeten Warlords der Nordallianz Masar-e Scharif und damit die erste größere Stadt von den Taliban. Damit war der Nachschub für weitere Operationen aus Usbekistan gesichert. Zwar wurde Kabul am 13. November kampflos eingenommen, jedoch zog sich die Eroberung von Taliban-Hochburgen wie Kunduz und Kandahar noch längere Zeit hin. Kunduz wurde am 23. November und Kandahar am 7. Dezember befreit. Mitte Dezember 2001 war Afghanistan schließlich weitgehend frei von Taliban. Die Gotteskrieger

---

[20] Vgl. Münch (2021), S. 157.
[21] Münch (2021), S. 157.

waren entweder tot, untergetaucht oder nach Pakistan geflohen. Nur im Süden und Osten Afghanistans hielten sich noch geschätzte 4.000 bis 5.000 Taliban im Untergrund auf, zudem ausländische Al-Qaida-Kämpfer.[22] Die USA begannen mit der Suche nach Osama bin Laden und den anderen Drahtziehern des 11. September. Rund 200 Al-Qaida-Kämpfer wurden im Dezember 2001 bei der Schlacht um den Höhlenkomplex von Tora Bora im Osten Afghanistans getötet. Bin Laden konnte mit Gefolgsleuten nach Pakistan flüchten, wo er in der Provinz Wasiristan untertauchte, einem unzugänglichen Stammesgebiet fernab staatlicher Kontrolle. Gefangene Taliban wurden von den Amerikanern völkerrechtlich umstritten in das Lager Guantanamo auf Kuba gebracht. Der angeblich letzte Taliban-Gefangene in Guantanamo, Baschir Nursai, soll erst im September 2022 gegen den in Afghanistan gefangen gehaltenen Amerikaner Mark Frerichs, ein Soldat der US-Marines, ausgetauscht worden sein.[23]

Am 20. Dezember 2001 übernahm die ISAF, die International Security Assistance Force, unter britischer Führung die Aufgabe, die Sicherheit in Kabul und Umgebung zu gewährleisten. Die Briten hatten angekündigt, nur für 90 Tage das Kommando ausüben zu wollen, dann sollten die Türken folgen. Deutschland hatte den Vorschlag des UN-Sonderbeauftragten für Afghanistan, Lakhdar Brahimi, abgelehnt, das erste ISAF-Kontingent anzuführen; der eher bescheidene militärische Beitrag an der Truppe hätte dies in der Tat nicht gerechtfertigt. Die ISAF war ein Ergebnis der vorausgegangenen ersten Petersberg-Konferenz und genehmigt durch den Sicherheitsrat der Vereinten Nationen (Resolution 1368 vom 20. Dezember 2001). Es war kein Blauhelm-Einsatz, sondern eine friedenserzwingende Mission in Verantwortung der beteiligten Staaten. Die ISAF-Truppe hatte die Vollmacht, auch Waffengewalt anzuwenden, sofern dies zur Erfüllung der Resolution des UN-Sicherheitsrats erforderlich war.

Die Bundesregierung sah in der eingetretenen Entwicklung eine Chance zur internationalen Profilierung. Sie ging in die Offensive und brachte Bonn als Austragungsort einer Konferenz ins Spiel, auf der eine afghanische Übergangsregierung bestimmt werden sollte. Deutschland setzte sich damit gegenüber Qatar durch, das ebenfalls Ambitionen als Gastgeber für eine solche Konferenz hatte erkennen lassen. Die Zusammenkunft fand vom 27. November bis 5. Dezember 2001 auf dem Petersberg bei Bonn statt. Grundlage war besagte UN-Resolution 1378 vom 14. November 2001. Vier Delega-

---

[22] Neitzel, Sönke, Deutsche Krieger, Vom Kaierreich zur Berliner Republik – eine Militärgeschichte, Berlin 2020, S. 488.
[23] Vgl. https://www.rnd.de/politik/guantanamo-taliban-haeftling-aus-us-gefangenenlager-entlassen-austausch-mit-amerikaner-AY7BZZPIHVJ7MNHXCHLHFY22YA.html

tionen verschiedener afghanischer Gruppierungen nahmen daran teil, nicht aber die Taliban. Dies sollte sich im Nachhinein als ein schwerer politischer Fehler herausstellen, da eine dauerhafte Befriedung Afghanistans ohne Einbindung der Taliban nicht gelingen würde. Doch die USA lehnten die Teilnahme von Taliban-Vertretern mit dem Hinweis kategorisch ab, diese seien Terroristen, mit denen nicht verhandelt werde.

Als Ergebnis der Gespräche wurde das Petersberger Abkommen geschlossen, das einen Stufenplan zur Machtübergabe an eine demokratisch legitimierte Regierung nach der endgültigen Entmachtung der Taliban vorsah. Zur Absicherung sollte eine internationale Sicherungstruppe, die ISAF, entsandt werden. Eine verfassunggebende Loya Dschirga sollte einberufen werden. Demokratische Wahlen sollte es spätestens zwei Jahre nach dem Zusammentreten der Loya Dschirga geben.

Die Mehrheit der Kabinettsposten in der Übergangsregierung gingen an Mitglieder der Nordallianz, die an der Seite der USA gekämpft hatten. Zum Chef dieser Übergangsregierung wurde am 4. Dezember 2001 der in Bonn nicht anwesende Paschtune Hamid Karzai bestimmt, nachdem der im italienischen Exil lebende letzte König Afghanistans, Sahir Schah, es abgelehnt hatte, politische Verantwortung zu übernehmen. Karzai war Oberhaupt einer der bedeutendsten Familien des Landes, der Popalzai, eines Unterstammes der Durrani, die wiederum die einflussreichste Gruppierung der Paschtunen ist. Karzai regierte Afghanistan bis 2014 in wechselnden Bündnissen. Es war ein System, das auf Bestechung, Bereicherung und Vetternwirtschaft beruhte.[24]

Mit dem Abkommen wurde der so genannte Petersberg-Prozess eingeleitet, in dessen Rahmen bis 2011 Geberkonferenzen sowie weitere Zusammenkünfte an unterschiedlichen Orten (Tokio, Berlin, London, erneut der Petersberg) stattfanden, um den Aufbau Afghanistans von internationaler Seite aus zu begleiten. Vor allem auf Drängen der EU und hier insbesondere Deutschlands wurde dem friedenserzwingenden Einsatz der ISAF-Mission eine entwicklungspolitische Komponente hinzugefügt: Afghanistan sollte sich, so die Wunschvorstellung in Berlin und Brüssel, zu einer Demokratie nach westlichem Vorbild entwickeln. *State building* sollte das Ziel des internationalen Engagements am Hindukusch werden.

In der auf die Petersberg-Konferenz folgende Zusammenkunft in Tokio wurden im Januar 2002 rund 4,5 Milliarden Dollar Aufbauhilfen für die folgenden fünf Jahre eingesammelt. Ein großer Teil dieses Geldes verschwand jedoch in den Taschen der Eliten und der Drogenbarone in Afghanistan.[25] Statt den

---

[24] Tilgner (2020), S. 40f.
[25] Vgl. ebda., S. 41.

Wiederaufbau des Landes voranzutreiben, entstanden kurz nach dem Sturz der Taliban die Grundstrukturen eines Korruptions-Netzwerks, das bis zum Abzug der westlichen Truppen im Sommer 2021 hielt.[26]

Auch den Aufbau staatlicher Organe regelte die internationale Gemeinschaft: Die USA sollten für die afghanische Armee zuständig sein, Italien für die Justiz und Deutschland für die Polizei. Für diese Aufgabe stellte das Auswärtige Amt elf Millionen Euro zur Verfügung – aus Sicht der Vereinigten Staaten zu wenig. Washington kümmerte sich nicht um Kompetenzen und pumpte ungeachtet der Vereinbarungen eine Milliarde Dollar in den Schnellaufbau der Polizei.[27]

Der Bundesrepublik war es gelungen, sich auf der internationalen Bühne in eine führende Position beim Thema Afghanistan zu bringen. Der Petersberg war ein bewusst gewählter Ort mit starkem Bezug zur deutschen Geschichte: Dort war 1949 das Petersberger Abkommen zwischen der soeben gegründeten Bundesrepublik und den Alliierten geschlossen worden. Die junge Bundesrepublik hatte sich damals zu den Grundsätzen Freiheit, Toleranz und Menschlichkeit bekannt und versprochen, jegliches Wiederaufleben des Totalitarismus zu verhindern. Wer gehofft hatte, dass das, was 1949 in Westdeutschland gelungen war, sich 2001 auf Afghanistan würde übertragen lassen, sollte enttäuscht werden; der Funken des Petersberg-Geistes wollte einfach nicht überspringen.

Die Bundesregierung verband mit dem Petersberg-Abkommen geradezu absurd hohe Erwartungen und sah in ihm einen bedeutenden Schritt nicht nur für die afghanische, sondern auch für die deutsche Geschichte. Für Bundeskanzler Gerhard Schröder (SPD) stellte das deutsche militärische und (entwicklungs-)politische Afghanistan-Engagement nichts weniger als einen „Schlusspunkt unter das Kapitel der eingeschränkten Souveränität Deutschlands nach dem Zweiten Weltkrieg"[28] dar. Schröder schrieb acht Jahre später rückblickend: „Wir sind damit zu einem gleichberechtigten Partner in der internationalen Staatengemeinschaft geworden, der Pflichten zu erfüllen hat, etwa solche, die sich aus dem NATO-Bündnis im Fall Afghanistans ergeben haben; aber wir Deutschen haben ebenso auch Rechte erworben, etwa im Fall des Irak-Krieges nein zu sagen, weil wir von dem Sinn einer militärischen Intervention nicht überzeugt waren. Der Einsatz der Bundeswehr am

---

[26] Vgl. ebda., S. 41.

[27] Vgl. ebda., S. 43.

[28] Schröder, Gerhard: Heimkehr in zehn Jahren. Zur Zukunft des deutschen Engagements in Afghanistan, in: Der Spiegel 7/2009.

Hindukusch ist also Ausdruck der vollständigen Souveränität Deutschlands über seine Außen- und Sicherheitspolitik.“[29]

Schröders Nein zum Irak-Krieg der Amerikaner ist in Deutschland lange Zeit als positiver Akt des Widerstands gegen US-amerikanischen Imperialismus aufgefasst worden. Der Journalist und ehemalige Redenschreiber von Bundeskanzler Helmut Schmidt, Jochen Thies, spricht in diesem Zusammenhang jedoch von „Legenden um den Irak-Krieg“[30]. Am 15. Oktober 2002 hatten 50 Staaten einen amerikanischen Anforderungskatalog für den Fall einer Beteiligung am Irak-Krieg erhalten, darunter auch Deutschland. In richtiger Einschätzung der deutschen Stimmungslage forderten die Amerikaner in Berlin gar keine Kampftruppen an. Es ging lediglich um Überflugrechte, Nutzung von militärischen Einrichtungen, Schutz von US-Kasernen durch deutsches Personal und vergleichbare Unterstützung.

Bundeskanzler Schröder war klar, dass seine rot-grüne Koalition nach der Beteiligung am Krieg im Kosovo und nach dem militärischen Engagement in Afghanistan einen weiteren Auslandseinsatz nicht überstehen würde. Sein Nein zum Irak-Krieg erfolgte aus rein innenpolitisch-taktischen Gründen. Dafür hätte er es – gestärkt durch die Bekundung, sich massiv in Afghanistan zu engagieren – diesmal auch auf eine Entfremdung mit den USA ankommen lassen. Die „uneingeschränkte Solidarität“ mit den USA fand dort ihre Grenzen, wo diese Solidarität die ohnehin fragile Berliner Regierungskoalition gesprengt hätte. Dass sich Schröder in dieser Frage der pazifistischen Mehrheitsmeinung der Deutschen sicher sein konnte, die einen Irak-Einsatz ablehnte, bestärkte ihn in seiner Haltung. Geschickt verstand er es als Akt der deutschen Souveränität gegenüber den USA zu verkaufen, was die Amerikaner gar nicht gefordert hatten.

Der Koalition der Willigen im Irak stand Deutschland indes nicht ganz so fern, wie Schröder der Bevölkerung glauben machte. Von der US-Militärbasis Ramstein in Rheinland-Pfalz aus wurden täglich zahlreiche Einsätze gesteuert; weil die Bundeswehr die Bewachung von amerikanischen Einrichtungen in Deutschland übernahm, wurden 5.000 US-Soldaten für den Irak-Einsatz frei. Jochen Thies schreibt: „Die 4. US-Panzerdivision wurde mithilfe der Bundeswehr (...) kampffertig gemacht und nach Emden und Bremen transportiert. Ihr frühes Erscheinen auf dem irakischen Kriegsschauplatz war mitentscheidend für den Ausgang des Irak-Unternehmens.“[31]

---

[29] Ebda.

[30] Thies, Jochen: Die Fluten des Pruth. Deutschland vor unbekannten Herausforderungen, Reinbek 2023, S. 29.

[31] Ebda., S. 31.

Während das proaktive Engagement Berlins in Sachen Afghanistans die Partner noch verblüfft hatte, war dieser Vertrauensvorschuss in der Irak-Frage sogleich wieder verspielt. Bei den Verbündeten, die an der Seite der Amerikaner in den Irak zogen und sich dies auch von Deutschland gewünscht hätten – allen voran Polen – , blieb der Eindruck einer deutschen Unzuverlässigkeit, wenn es auf Geschlossenheit ankomme. Die unterschiedlichen militärstrategischen Einschätzungen zwischen Warschau und Berlin haben hier ihre Ursache. Und sie dauern bis in den russischen Krieg in der Ukraine seit 2022 an.

Aus der Perspektive der Zeit nach dem Ende des deutschen Afghanistan-Einsatzes ist es wichtig zu betonen, dass Afghanistan für die Bundesregierung ein Vehikel war, vor allem gegenüber den Amerikanern die eigene Position zu stärken. Mit dem Zwei-plus-Vier-Vertrag hatte Deutschland im Zuge der Wiedervereinigung 1990 zwar *de iure* die volle staatliche Souveränität zurückerlangt, *de facto* war Berlin aber mehr als ein Jahrzehnt damit beschäftigt, diese Souveränität auch zur Geltung zu bringen. Die deutschen Entscheidungen in den 1990er-Jahren zu den Kriegen auf dem Balkan können in diesem Licht gesehen werden. Und nun bot Afghanistan die Chance, auf diesem Weg noch einen Schritt weiter zu gehen. Es war also nicht so, dass Deutschland in Afghanistan lediglich uneigennützige und humanitäre Ziele verfolgte. Der Altruismus hielt sich in Grenzen, wenngleich er gegenüber der Öffentlichkeit herausgestellt wurde. Berlin ging es vor allem darum, sicherheitspolitische Souveränität und Bündnissolidarität zu zeigen, sich als verlässlichen Partner im westlichen Lager zu präsentieren. Der damalige außen- und sicherheitspolitische Berater Schröders, Michael Steiner, bewertete die Entscheidung des Jahres 2001 zur deutschen Afghanistan-Beteiligung rückblickend so, dass diese „null Prozent mit Afghanistan zu tun hatte und 100 Prozent mit den USA".[32]

In dieser Logik ist es plausibel, dass Deutschland – einmal am Hindukusch engagiert – dort auch drauf drängte, möglichst große Verantwortung zu übernehmen. So verlangte Bundeskanzler Schröder 2003, dass die Bundeswehr ein Provincial Reconstruction Team (PRT) übernimmt. Nach dem offiziellen Nein zum Irak-Krieg wollte Schröder mit einem erweiterten Engagement in Afghanistan die Verlässlichkeit Berlins gegenüber Washington wieder herausstellen. Die Sache hatte nur einen Haken: Eine klare Zielformulierung, *was* eigentlich die Bundeswehr in Afghanistan leisten sollte, war damit nicht verbunden.

Nachdem die Amerikaner das Grobe erledigt hatten – die Befreiung Afghanistans von den Taliban –, war nunmehr ein deutscher Beitrag zur Stabili-

---

[32] Zit. nach Fried, Nico / Hickmann, Christoph / Matern, Tobias: Krieg im toten Winkel, in: Süddeutsche Zeitung, 17. Juni 2017.

sierung des Landes seitens der Amerikaner erwünscht. Der Drahtzieher der Anschläge vom 11. September war zwar noch nicht gefasst, aber von Afghanistan ging nach dem Sturz der Taliban zumindest keine Terrorgefahr für die Welt mehr aus. Schon Ende 2001 war klar, dass das Land ein jahrelanger Betreuungsfall der Staatengemeinschaft sein würde. Im eigenen Interesse – zur Terrorabwehr – würde der Westen sich lange dort aufhalten müssen.

Zwei Tage vor Weihnachten, am 22. Dezember 2001, beschloss der Bundestag, deutsche Soldaten nach Afghanistan zu schicken. Dass es der längste und blutigste Einsatz seit dem Zweiten Weltkrieg werden würde, war nicht absehbar. Als Beteiligung an der ISAF-Mission waren maximal sechs Monate vorgesehen. 1.200 leicht bewaffnete Soldaten sollten nach Afghanistan geschickt werden. Von 581 Abgeordneten stimmten 538 für diesen folgenschweren Einsatz. Nicht nur die Regierungsfraktionen von SPD und Grünen stimmten zu, sondern auch Union und FDP. Die Gegenstimmen kamen aus der PDS (heute: Die Linke) und vereinzelt aus Union, SPD und FDP. Acht Abgeordnete enthielten sich. Man wähnte sich auf der richtigen moralischen Seite: Die Soldaten sollten nicht in erster Linie den Terror bekämpfen, sondern den neu eingesetzten afghanischen Übergangspräsidenten Hamid Karzai unterstützen und das Land stabilisieren.

Dass die Mandate in den folgenden Jahren immer wieder verlängert werden würden und die Zahl der Soldaten um ein Vielfaches aufgestockt werden musste, ahnte zu diesem Zeitpunkt niemand. Peter Struck (SPD), von 2002 bis 2005 Verteidigungsminister, räumte nach dem Ende seiner politischen Laufbahn ein, dass er angenommen hatte, der Afghanistan-Einsatz würde nur ein Jahr dauern.[33]

Am Neujahrstag 2002 landete nach einigen organisatorischen Anlaufschwierigkeiten ein Vorauskommando der Bundeswehr am Flughafen von Kabul. Zwei Wochen später folgten Soldaten des Fallschirmjägerbataillons 313 aus Varel bei Bremen. Die Briten waren bereits zu Weihnachten in Kabul angekommen. Einige der eingesetzten deutschen Soldaten hatten schon Auslandserfahrung, beispielsweise aus dem Kosovo. In Schnelllehrgängen waren sie auf den Einsatz fernab der Heimat vorbereitet worden. Ausbildungsinhalte waren Patrouillen in bebautem Gebiet, Erkennen von Hinterhalten, Verhalten im Hinterhalt, Sicherung von Gebäuden und Stadtteilen, Erkennen von Minen sowie der Sanitätsdienst. In dieses erste deutsche Kontingent waren 300 niederländische und 40 dänische Soldaten integriert.

In einem Industriegebiet im Osten Kabuls, an der Hauptverbindungsstraße nach Pakistan, baute die Bundeswehr ein wenig einladendes Lager auf, das

---

³³ Vgl. Schwennicke, Christoph: Die Qual der alten Krieger, in: Der Spiegel 24/2010.

Camp Warehouse. Es handelte sich um einen ehemaligen Bauhof des Kabuler Ministeriums für öffentliche Arbeit. Das Gelände war etwa einen Quadratkilometer groß. Es fehlte dort an allem, vom Bett bis zum Operationssaal, von der Toilette bis zum Kühlhaus für Lebensmittel. Das Vorauskommando brachte allein acht Tonnen Lebensmittel, fünf Tonnen Medikamente, einen mobilen Operationssaal und eine Satellitenfunkstation mit.[34] Auftrag der Soldaten war es, als Teil der Kabul Multinational Brigade bei Patrouillen Präsenz zu zeigen, Minen zu entschärfen und beschädigte Infrastruktur zu reparieren.[35] Man kam in freundlicher Absicht, statt Helme sollten Baretts getragen werden. Das Bild einer Friedensarmee ging um die Welt: lachende und winkende Soldaten ohne Schutz und ohne Waffe im Anschlag. So wollte man sich sehen. Der Antiterrorkampf war nicht der Auftrag der ISAF-Mission. Deswegen bestand auch kein Anlass, die Mission auf das weite Land außerhalb Kabuls auszudehnen. In den Provinzen kümmerten sich ja die USA und einige Verbündete unter dem Dach der Operation Enduring Freedom um den Kampf gegen die verbliebenen Terroristen.

So konzentrierte sich die ISAF mit ihren anfangs 5.000 Soldaten auf die Hauptstadt und ihre Umgebung. Allein im ersten Jahr des Einsatzes, 2002, beteiligten sich deutsche Soldaten an 11.000 Patrouillen in Kabul.[36] Die Streifen, ursprünglich eine Idee aus den Balkan-Einsätzen der Bundeswehr, sollten bis zum Schluss eines der Hauptinstrumente der deutschen militärischen Logik in Afghanistan bleiben. Allein durch das Zeigen von Präsenz würde in den Verantwortungsbereichen der Deutschen in Afghanistan „Sicherheit" suggeriert werden, so das Kalkül. Tatsächlich haben die Patrouillen die objektive Sicherheit nicht erhöht.[37] Dies wäre nur dann der Fall gewesen, wenn die deutschen Soldaten – anders als etwa im Kosovo – polizeiliche Befugnisse gehabt hätten. Am Ende war die hohe Zahl an Patrouillen lediglich ein (politisch gewollter) Beleg für die Effizienz des deutschen Engagements.

In den Provinzen traten die USA in ihrem Antiterrorkampf robust auf und wurden als Besatzer wahrgenommen. Die Deutschen wollten sich hingegen durch möglichst wenig martialisches Auftreten beliebt machen. Politiker und Journalisten wurden in örtlich angemieteten Bussen umhergefahren. Doch schon am 6. März 2002 hatte die Bundeswehr die ersten Toten in Afghanistan zu beklagen: bei der missglückten Entschärfung einer russischen Boden-Luft-

---

34 Vgl. „Statt Helme nur Baretts", in: loyal, 2/2002, S. 13f.
35 Neitzel (2020), S. 489.
36 Hartmann, Christian: Warum Afghanistan? Einleitung zu Götz, Markus „Hier ist Krieg!" Afghanistan-Tagebuch 2010", Göttingen 2021, S. 56.
37 Vgl. Münch, Philipp, „Ein paradoxer Krieg", in: Mauer, Jochen/Rink, Martin (Hg.): Einsatz ohne Krieg? Die Bundeswehr nach 1990 zwischen politischem Auftrag und militärischer Wirklichkeit, S. 164.

Rakete vom Typ S-125 Newa starben Oberfeldwebel Thomas Kochert (29) und Oberfeldwebel Mike Rubel (27) von der Kampfmittelbeseitigungskompanie 11 sowie drei dänische Soldaten. Am 21. Dezember 2002 kamen beim Absturz eines Militärhubschraubers vom Typ Sikorsky CH-53 in der Nähe von Kabul sieben Bundeswehrsoldaten ums Leben. Ursache war ein technischer Defekt.

Der Anfang des Einsatzes in Afghanistan war fröhlich. Eine Fußpatrouille von deutschen Soldaten und afghanischen Sicherungskräften in Kabul, 12. Februar 2002.

Foto: Bundeswehr/Modes

Vor der im Sommert 2022 eingesetzten Enquetekommission des Bundestags „Lehren aus Afghanistan für das künftige vernetzte Engagement Deutschlands" zeichneten Experten im November 2022 ein desaströses Bild des Beginns des Afghanistan-Einsatzes. Deutschland sei als Resultat eines „politischen Schönheitswettbewerbs" nach Kabul gekommen, so beschrieben es Diplomaten, Generäle und Politikwissenschaftler den Abgeordneten.[38] Der seinerzeitige außenpolitische Berater im Kanzleramt, Michael Steiner, verwies darauf, dass man den Amerikanern hätte Beistand anbieten *müssen*, ansonsten

---

[38] „Ein chaotischer und unprofessioneller Anfang", in: FAZ 22.11.2022

34

hätte man nie wieder auf die USA zählen dürfen. Die amerikanische Regierung sei damals „extrem selbstfokussiert" gewesen, so Steiner.

Der Kommandeur des deutschen Vorauskommandos in Kabul, der damalige Brigadegeneral Carl-Hubertus von Butler, sprach von einem unprofessionellen politischen Anfang der Mission. Er beklagte vor der Enquetekommission die geringe Vorbereitungszeit und bezeichnete die ersten Wochen in der afghanischen Hauptstadt, die „bis auf die Grundmauern niedergebrochen" gewesen sei, als chaotisch. Die Verhältnisse seien nebulös und undurchschaubar für die deutschen Soldaten gewesen. Vonseiten der Bevölkerung habe es skeptische Blicke gegeben, „viele hielten uns anfangs für Russen".[39] Vertrauen aufzubauen war in dieser Situation unmöglich, zumal die Amerikaner mit Beginn ihres Einsatzes wieder die alten Warlords in Amt und Würden brachten, die keinerlei Interesse daran hatten, aus Afghanistan einen funktionierenden Gesamtstaat zu machen. Im Grunde sei, so der damalige Kanzleramtsberater Steiner, Afghanistan eine „Interventionsruine" geblieben.[40]

Ein Offizier des ersten deutschen ISAF-Kontingents im Februar 2002 bei der Verteilung von Schulheften an der Naza-Anna-Schule in Kabul.   *Foto: Bundeswehr/Rott*

---

[39] Ebda.
[40] Ebda.

Auch außerhalb Afghanistans waren deutsche Soldaten nun im internationalen Einsatz: Den weitaus größten Anteil des 3.900 Mann starken deutschen Kontingents der Operation Enduring Freedom stellte die Marine am Horn von Afrika mit schwimmenden Einheiten und Seefernaufklärern im Rahmen eines multinationalen Einsatzverbands. Im Roten Meer, dem Golf von Oman, dem Golf von Aden, im Arabischen Meer und vor der Küste Somalias sollte die internationale Schifffahrt vor Terrorangriffen geschützt werden, zudem sollte die Versorgung von Terroristen oder deren Bewegung auf See unterbunden werden. Auch das Ausweichen von Al-Qaida-Kämpfern nach Somalia galt es zu verhindern, ebenso die Einbindung von somalischen Warlords in den Kampf der Al-Qaida-Terroristen. Deutschland hatte mit französischer Unterstützung durchgesetzt, dass ISAF und OEF formal und in Führungsfragen getrennt wurden. Insbesondere Abgeordnete des grünen Koalitionspartners arbeiteten in der öffentlichen Darstellung eine fein ziselierte Unterscheidung zwischen der OEF als „brutaler Terroristenjagd" und der „positiven Aufbaumission" ISAF heraus.[41]

Im Juni 2002 sicherte die ISAF eine erste Sitzung der großen afghanischen Ratsversammlung, der Loja Dschirga, zur Berufung einer Regierung ab. Zugleich begannen die internationalen Truppen mit dem vereinbarten Aufbau der afghanischen Nationalarmee. 2003 kam es zu einer bedeutenden Veränderung bei der ISAF. Nachdem die Vereinigten Staaten große Truppenteile aus Afghanistan für den Einsatz im Irak abgezogen hatten – ein kapitaler Fehler in der Antiterrorismus-Strategie der Bush-Administration[42] – und Afghanistan aus Washingtoner Perspektive an Bedeutung verloren hatte, beschlossen die ISAF-Nationen auf Wunsch der afghanischen Regierung, ihr Operationsgebiet nun doch auf ganz Afghanistan auszuweiten. Grundlage war die Resolution 1510 des UN-Sicherheitsrats. Die Vereinigten Staaten hatten dies anfangs abgelehnt, änderten ihre Meinung allerdings mit dem Wiedererstarken von Taliban-Aktivitäten im Land und ihrem eigenen Engagement im Irak. Im Oktober 2003 übernahm die NATO die Führung der ISAF.

Damit einher ging die Neudefinition des ISAF-Auftrags von einer reinen Befriedigungsmission hin zu einem – von Deutschland von Anfang an angestrebten – umfassenden entwicklungspolitischen Staatsaufbauprojekt, das gesellschaftspolitische Veränderungen in Afghanistan ebenso anstrebte wie eine ökonomische Konsolidierung, ja das sogar die Geschlechterverhältnisse in dem vom Islam und von archaischen Gesellschaftsstrukturen geprägten Land in den Blick nahm.[43] So ehrenhaft diese Ziele waren, so unklar waren sie

---

[41] Vgl. Münch (2015), S. 167.
[42] Said, Behnam, T. (2018), S. 82.
[43] Vgl. Münch (2015), S. 160.

formuliert und so wenig wurde gefragt, ob sie überhaupt zu Afghanistan *pass-ten* oder sie nicht nur eine Projektion westlicher Moral- und Wertvorstellungen waren.

Ein Nachteil des gesamten Projekts war, dass es zu keinem Zeitpunkt eine zentrale Führung des Afghanistan-Engagements bei Europäern und Amerikanern gab. Jede der beteiligten Nationen formulierte mehr oder weniger eigene Ziele und stimmte diese auch nicht unbedingt mit den Partnern ab. Und selbst innerhalb der truppenstellenden Länder blieben die jeweiligen Ziele vage. Der Potsdamer Politikwissenschaftler Philipp Münch stellte dazu fest: „Ohne Strategie waren es tagesaktuelle Entscheidungen der Bundeskanzler, die das deutsche Afghanistan-Engagement bestimmten, aber noch häufiger die der Vertreter der beteiligten Ministerien. In entscheidenden Fragen bezogen sich dabei alle tendenziell auf andere Kontexte als auf die konkrete Situation in Afghanistan.“[44] Man kann es nicht anders sagen: Jedes Ministerium – Verteidigungsministerium, Auswärtiges Amt, Entwicklungshilfeministerium, Innenministerium – kochte sein eigenes afghanisches Süppchen.

Das führte dazu, dass am Ende die Verantwortung für die konkreten Schwerpunktsetzungen bei den handelnden Personen vor Ort lag. Sie hatten damit eine relativ große Entscheidungsfreiheit darüber, was gemacht wurde und was nicht. Die Verantwortlichen wechselten aber regelmäßig, so dass über die Jahre kaum Kontinuität entstehen konnte. Die afghanische Regierung hatte zwar naturgemäß alle Befugnisse als Vertreterin des Souveräns, war aber bis in Kleinigkeiten von den westlichen Regierungen, ihren Beratern und ihren Geldüberweisungen abhängig und somit keine Instanz, die auch nur irgendwie Einfluss nehmen konnte auf den ungesteuerten Entwicklungsprozess im Land. Im Zweifel verfolgte sie Eigeninteressen, die aus den Verflechtungen der Clans resultierten, die hinter der Regierung standen. So stellte der Wiederaufbau des Landes keinesfalls eine lukrative Alternative zur Drogenökonomie dar, die einen beträchtlichen Teil des afghanischen Bruttoinlandsprodukts ausmachte und von der ganze Regionen, vor allem im Süden und Südosten, lebten. Unter den Taliban war Afghanistan zum größten Heroinproduzenten der Welt aufgestiegen, rund zwölf Prozent der afghanischen Bevölkerung waren direkt am Opiumgeschäft beteiligt – bis hinein in den Beamtenapparat.[45]

Diese Gemengelage sollte bis zum Abzug der NATO-Truppen im Sommer 2021 das entscheidende Problem des Afghanistan-Engagements nicht nur

---

[44] Ebda., S. 171.
[45] Vgl. Chiari (2020), S. 91.

Deutschlands, sondern des Westens insgesamt bleiben – und am Ende einer der Gründe sein, warum der Westen am Hindukusch so krass scheiterte.

Vor allem Deutschland setzte sich für eine Ausweitung des ISAF-Einsatzes ein, weil es sich damit einmal mehr als Führungsnation profilieren und sich gegenüber den USA als verlässlicher Partner darstellen wollte, was nach dem deutschen Nein zum Irak-Krieg immer noch nötig schien. Nach und nach übernahm die ISAF also in ganz Afghanistan Verantwortung und stockte ihre Truppenpräsenz auf. 2010 erreichte sie eine Stärke von 130.000 Soldaten. Die Zahl der Bundeswehrsoldaten in Afghanistan stieg schon im ersten Jahr des Einsatzes von 250 auf 1.300 Mann.

Die Führung der ISAF-Mission, die zunächst alle sechs Monate unter den beteiligten Nationen wechselte – seit dem 10. Februar 2003 hatten Deutsche und Niederländer gemeinsam das Kommando inne –, ging nun also auf die NATO über. In allen 34 afghanischen Provinzen sollten nach einer amerikanischen Idee aus dem November 2002 so genannte Provincial Reconstruction Teams (PRT) unter ISAF-Kommando eingerichtet werden. Dies waren Garnisonen, in denen Soldaten und internationale zivile Experten aufs Engste zusammenarbeiten, auch mit afghanischen Behörden, um die jeweilige Region zu entwickeln und Sicherheit herzustellen. Vorbilder waren vergleichbare Einrichtungen, die die französischen Streitkräfte seinerzeit in Algerien betrieben hatten, um das Land außerhalb der großen Städte kontrollieren zu können. Die Vereinigten Staaten hatten an dieses Modell in Vietnam angeknüpft und brachten die alte Idee nun nach Afghanistan mit.

Durch die PRT sollten Stromversorgung, Wasseraufbereitung, medizinische Versorgung und weitere zivile Aspekte des Wiederaufbaus sichergestellt und zugleich Ruhe und Ordnung durch den militärischen Anteil garantiert werden. Wie kein anderer Begriff ist das PRT mit dem friedlichen Bild der Bundeswehr als „Brunnenbauer in Uniform" beziehungsweise als „Technisches Hilfswerk in Uniform" verbunden. Zwischen 2006 und 2011 wurden von 17 Nationen insgesamt 28 PRT in Afghanistan betrieben. Jeweils ein Truppenstellerland aus dem Kreis der ISAF hatte die Leitung inne, geführt wurde durch eine zivil-militärische Doppelspitze. Äußerlich glich ein PRT einem „römischen Feldlager"[46].

In den deutschen PRT arbeiteten Vertreter aus vier Bundesministerien zusammen: Soldaten (Verteidigungsministerium), Diplomaten (Auswärtiges Amt), Polizisten (Innenministerium) und Entwicklungshelfer (Ministerium für wirtschaftliche Zusammenarbeit). Hinzu kamen afghanische Mitarbeiter und Sicherheitskräfte. Zwischen den deutschen Vertretern gab es von Anfang

---

[46] Hartmann (2021), S. 57.

an Reibereien, Eifersüchteleien, Kompetenzstreitigkeiten und alle möglichen Arten von Animositäten. Zu Recht fragt der Militärhistoriker Christian Hartmann: „Wie sollte diese militärisch-zivile Kooperation in der Weite, Unzugänglichkeit und Unberechenbarkeit eines Landes wie Afghanistan funktionieren, wenn sie das noch nicht einmal innerhalb des Lagers tat?"[47] Das PRT-Konzept war eingebettet in einen Ansatz vernetzter Sicherheit, *Comprehensive Approach* genannt, in dem der Sicherheit der Bevölkerung oberste Priorität zukam und der auf Zusammenarbeit mit afghanischen Sicherheitskräften setzte. Er sollte ein effizientes Krisenmanagement durch aufeinander abgestimmtes Zusammenwirken politischer, ziviler und militärischer Instrumente ermöglichen – das Ganze begleitet von sichtbarer und robuster Truppenpräsenz. Soweit die Theorie.

Winterliche Verhältnisse in Afghanistan im November 2002. Foto: Bundeswehr/Meyer

---

47 Hartmann (2021), S. 59.

Das Umfeld wurde trotz dieses vernetzten Ansatzes immer gefährlicher. Nicht einmal zweieinhalb Jahre vermochte die Bundeswehr und die deutsche Öffentlichkeit zu glauben, dass es sich hier um einen Friedenseinsatz handelte. Der erste gezielt gegen die Bundeswehr gerichtete Sprengstoffanschlag ereignete sich schon im Frühsommer 2003. Am 7. Juni 2003 sollte ein ungeschützter Bus deutsche Soldaten zum Rückflug zum Kabuler Flughafen bringen. Dabei explodierte auf der Dschalalabad-Road, einer großen Straße, die vom deutschen Camp in die Innenstadt von Kabul und in anderer Richtung nach Pakistan führt, neben dem Bus ein Sprengsatz. Vier Soldaten starben: Oberfähnrich Andrejas Beljo (28), Oberfeldwebel Carsten Kühlmorgen (32), Feldwebel Helmi Jimenez-Paradies (29) und Stabsunteroffizier Jörg Baasch (25). 29 Soldaten werden verletzt, einige von ihnen schwer.

Ungefähr drei Kilometer hinter dem deutschen Camp hatte ein mit 140 Kilogramm Sprengstoff beladenes Taxi den Bus überholt, der Fahrer zündete die Bombe. Leitender Notarzt bei den sofort verständigten Bundeswehr-Rettungskräften war an jenem Tag Heike Groos. Was sie am Tatort sah, nachdem sie aus dem Rettungspanzer ausgestiegen war, schilderte sie rückblickend so: „Überall lagen tote und schwerverletzte deutsche Soldaten, blutüberströmt und voller Dreck. Die Straße war übersät mit zertrümmerten und verbrannten Autoteilen, Glassplittern, Gummifetzen und geplatzten Autoreifen und unidentifizierbaren verbeulten und verbrannten Metallstücken. Die Rucksäcke, die die Soldaten bei sich getragen hatten, waren aufgeplatzt, und die persönlichen Dinge, die sie enthielten, hatten sich über die Straße verteilt. Da war ein Gewimmel von Menschen. Eine Unmenge von Soldaten aller Nationen. Rettungssanitäter, Ärzte, Feuerwehrleute, Sicherungskräfte und Leichtverletzte liefen und rannten durcheinander, und jeden Moment trafen mehr ein. Krankenwagen, Feuerwehrautos, Jeeps und Lastwagen fuhren vor und gaben ihre Besatzung ab, um von dem Chaos aufgesogen zu werden.“[48]

Die Medizinerin formulierte, was diese Tat, für die der Selbstmordattentäter gerüchteweise 500 Dollar Lohn erhalten haben soll – eine Summe, von der seine Familie nun fünf Jahre lang würde leben können – von all den Unfällen und Notfällen unterschied, die sie in ihrer Laufbahn zuvor als Notärztin in Deutschland gesehen hatte: „Unsere Patienten in Deutschland hatten wir nicht gekannt, bevor sie sich freiwillig oder als Notfallpatienten in unsere Behandlung begeben hatten. Diese Toten hier gehörten zu uns, waren welche von uns. Menschen, mit denen wir zugegebenermaßen willkürlich zusammengewürfelt worden waren, Angehörige einer Zweckgemeinschaft, die wir aber in Ermangelung unserer eigenen Familie und Freunde als Ersatz akzeptiert

---

[48] Groos, Heike: Ein schöner Tag zum Sterben. Als Bundeswehrärztin in Afghanistan, Frankfurt/M. 2009, S. 19.

und mit denen wir uns in dieser anderen Welt zumindest ebenso verbunden gefühlt hatten wie mit unserer Familie und unseren Freunden in der Heimat. Mit diesen Kameraden hatten wir am Abend zuvor zusammengesessen und Abschied gefeiert. Jetzt lagen sie neben uns und waren tot."[49]

Bundeskanzler Schröder nannte das Selbstmordattentat feige und hinterhältig. Der Vorsitzende des Bundeswehrverbandes, Bernhard Gertz, brachte schon zu diesem frühen Zeitpunkt einen Abzug der Deutschen aus Afghanistan ins Gespräch. Afghanistan sei ein Pulverfass, die Gefahr von Anschlägen wachse, sagte Gertz. „Sollte sich die Sicherheitslage dramatisch verschärfen, sollten wir die ISAF-Friedenstruppe entweder erheblich verstärken – oder aus Afghanistan abziehen",[50] riet er.

Fast alle Verletzten waren an den Augen verwundet worden. Ein Augenarzt der Bundeswehr hatte nach dem Anschlag 20 Überlebende hintereinander operiert – unter dem Mikroskop, wie bei Augenärzten üblich. Normalerweise führen sie wegen der damit verbundenen Anstrengungen nicht mehr als drei oder vier Operationen hintereinander aus. Der Oberstabsarzt hatte Splitter um Splitter aus den Augen der Soldaten gezogen um zu retten, was zu retten war. Er befürchtete, dass auf dem bevorstehenden langen Flug nach Deutschland viele Betroffene ansonsten erblinden würden. Einigen Soldaten hatte er erklären müssen, dass er eines ihrer Augen entfernen musste.[51] Zwei der Toten waren zu groß für die Standard-Särge, die die Bundeswehr für den Fall der Fälle ins Camp geliefert hatte. Die Niederländer halfen aus; ihre Särge waren groß genug für ihre gefallenen deutschen Kameraden.[52]

Am nächsten Tag wurden die Verwundeten mit *MedEvac*-Flugzeugen zunächst nach Usbekistan und von dort mit einem Sanitäts-Airbus nach Deutschland geflogen. Die Bundeswehr wurde nach diesem Attentat schlagartig vorsichtig. Fahrten in Kabul sollten so zügig wie möglich durchgeführt werden, unnötiges Halten und Warten war fortan zu vermeiden. Weitere Anschläge waren nicht auszuschließen.

Die bislang gefühlte Sicherheit in Afghanistan hatte sich als trügerisch erwiesen. Dass die deutschen Soldaten bis dahin in nur unzureichend geschützten Fahrzeugen unterwegs waren, wurde nun der interessierten Öffentlichkeit in Deutschland bewusst. Mit der Zeit bekam die Truppe besser geschützte Fahrzeuge. Doch von kriegsähnlichen Zuständen wollten die Politiker nicht sprechen – noch nicht. Das sollte sich erst Jahre später ändern.

---

[49] Ebda., S. 27.
[50] Vgl. Anschlag in Kabul, Deutsche Welle, 7.6.2003: https://www.dw.com/de/anschlag-in-kabul/a-888037
[51] Vgl. Groos, Heike (2009), S. 61.
[52] Vgl. ebda., S. 63ff.

Die Sicherheitslage zu Beginn des ISAF-Einsatzes war unterschiedlich. Im Norden und Westen war sie besser als im Osten entlang der Grenze zu Pakistan.

Provincial Reconstruction Teams

Ungeachtet des Anschlags blieb es Politik der Bundesregierung, sich eher mehr als weniger in Afghanistan einzubringen. Als es um die Provincial Reconstruction Teams ging, witterte Bundeskanzler Schröder eine Gelegenheit, den deutschen Einfluss zu erweitern und drängte auf ein deutsches Kommando über ein solches PRT. Erwogen wurde die Übernahme des PRT im westafghanischen Herat, was aber aufgrund der dortigen kritischen Sicherheitslage verworfen wurde.[53] Auch ein PRT im südlichen Ghazni, das Vertreter des Auswärtigen Amts wegen früherer deutscher Entwicklungshilfeprojekte in dieser Gegend ins Spiel gebracht hatten, kam aus demselben Grund nicht in Frage. Das Verteidigungsministerium befürwortete das PRT Charikar nahe Kabul, was wiederum dem Auswärtigen Amt nicht passte, weil dies nach zu großer Bequemlichkeit der Deutschen ausgesehen hätte.

---

[53] Vgl. https://www.faz.net/aktuell/politik/ausland/afghanistan-und-deutschland-auf-kun-dus-richteten-sich-die-hoffnungen-17476535.html

US-Verteidigungsminister Donald Rumsfeld gewährte nach Gesprächen mit seinem deutschen Kollegen Peter Struck (SPD) den Deutschen schließlich die Übernahme des bislang amerikanischen PRT im nordafghanischen Kunduz unweit der Grenze zu Tadschikistan. Im Herbst 2003 übernahm die Bundeswehr dieses PRT. Kunduz ist mit seinen damals rund 100.000 Einwohnern Hauptstadt der gleichnamigen Provinz, eine der fruchtbarsten und wirtschaftlich bedeutendsten Regionen Afghanistans – und das drittgrößte Drogenanbaugebiet des Landes. Die Bevölkerung dort besteht aus Paschtunen, Tadschiken, Usbeken, Turkmenen und Hazara und zerfällt in zahllose Stämme, Clans und Sippen. Eine nationale afghanische Identität war dort nicht erkennbar.

Die Provinz hatte schon manche fremden Heere kommen und gehen sehen. Kunduz war während der sowjetischen Besetzung Afghanistans Schauplatz kriegerischer Auseinandersetzungen gewesen. 1989 waren die Sowjets binnen 72 Stunden von hier abgerückt. Auf dem Flugfeld in Kunduz sahen die eintreffenden Bundeswehrsoldaten noch ein aus dem Boden ragendes Leitwerk aus jener Zeit. Zwei zurückgelassene und in der Folgezeit ausgeschlachtete sowjetische Mi-Transporthubschrauber legten Zeugnis davon ab, dass sich hier auch früher schon ausländische Truppen einquartiert hatten. Von dem Flugplatz, den die Sowjets mit intakter technischer Ausstattung verlassen hatten, blieben nur Gebäuderuinen und die Landebahn, die nun von den deutschen Transportfliegern genutzt wurde.

Auch zerstrittene Stämme hatten in und um Kunduz Kriege gegeneinander geführt, wobei die Taliban im starken paschtunischen Bevölkerungsteil ihre Mitglieder rekrutierten. Seit 2002 war es jedoch relativ ruhig geblieben. Die Paschtunen waren im Norden Afghanistans insgesamt zwar nur eine Minderheit, im Raum Kunduz stellten sie aber die Mehrheit. Weil auch andere Gruppierungen sicherheitsrelevant waren – etwa die älteste islamistische Partei Afghanistans, die Hizb-i Islami Gulbuddin, und die Islamische Bewegung Usbekistan, die vor allem Usbeken, Tadschiken, Turkmenen und Tschetschenen anzog – sprach die Bundeswehr intern in ihrem Verantwortungsbereich nicht von „Taliban“, sondern von „Aufständischen“.

Die Deutschen durchschauten allerdings ebensowenig wie die anderen westlichen Truppensteller die Gemengelage der regional konkurrierenden Kriegsfürsten, die sich Privatarmeen hielten und eigene Interessen verfolgten. Anders als in Kabul, das im Licht der Weltöffentlichkeit stand und halbwegs von der internationalen Gemeinschaft kontrolliert wurde, herrschten in der afghanischen Provinz Zustände einer fremden Welt: verborgene Machtstrukturen, informelle Codes, für Europäer und Amerikaner unverständliche soziale Verhältnisse, Korruption, heimlicher und offener Drogenhandel. Was in westlichen Afghanistan-Konferenzen für das Land vereinbart worden war, spielte im ländlichen Afghanistan kaum eine Rolle.

Geländebeobachtung in der Nähe von Kunduz kurz vor Weihnachten 2004.
Foto: Bundeswehr/ PIZ Kunduz

„Wir befinden uns hier im ausgehenden 16. Jahrhundert", erläuterte 2004 ein Vertreter der Welthungerhilfe.[54] Die Straßen in Kunduz waren nur schwer befahrbar, weshalb das Entwicklungshilfeministerium 3,5 Millionen Euro in

---

[54] Zit. nach „Kunduz – Pilotprojekt mit Serienreife?", in: loyal 4/2004, S. 29.

ihre Asphaltierung investieren wollte. Der Müll wurde und wird traditionell einfach vor die Tür gekippt und modert vor sich hin. Es war ein für deutsche Soldaten und zivile Helfer gewöhnungsbedürftiger Ort. Immerhin lag die Stadt schön: Berge und Plateaus und ein grünes Tal mit zum Teil dichtem Bewuchs prägen die Landschaft. Der Kunduz-Fluss speist ein ausgeklügeltes Bewässerungssystem, das auch in der weiteren Umgebung noch für sattes Grün sorgt. Die Lössböden der Region sind fruchtbar, die Gegend gilt daher auch als der Brotkorb Afghanistans.

Kunduz war mit 16 Stunden Autofahrt genügend weit von Kabul entfernt, um eine eigenständige Entfaltung des deutschen Engagements zu ermöglichen. Andererseits war die Region nach Einschätzung des BMVg halbwegs friedlich, so dass die Kompromisslösung mit dem dortigen PRT allen deutschen Beteiligten behagte. Dies umso mehr, als Kunduz nicht weit entfernt von Termez in Uskebistan liegt, wo das deutsche ISAF-Kontingent seine Hauptversorgungsbasis hatte. Von Termez nach Kunduz sind es mit dem Flugzeug nur 45 Minuten, allerdings konnte nur die feldflugplatztaugliche Transall in Kunduz landen, nicht aber die große Antonow-Transportmaschine, mit der die Bundeswehr Material nach Kabul fliegen ließ. Ein Flugplatz war unbedingt notwendig, denn nach Kunduz führt nur eine einzige Straße, auf der sich die Afghanen meist zu Fuß oder mit Pferdekarren fortbewegten.

Im Juli 2004 kam ein zweites deutsches PRT hinzu: Faizabad in der Provinz Badakhshan. Diese Provinz galt sogar als besonders friedlich, weil die Taliban hier nie eine prägende Rolle gespielt hatten. Die relative Nähe zu Kunduz erleichterte zudem die Logistik. Eine Außenstelle entstand in Taloqan in der Provinz Takhar, so dass die Bundeswehr ab 2005 in den drei östlichsten Provinzen im afghanischen Norden mit jeweils einem Stützpunkt vertreten war.

Am 24. Oktober 2003 zog die Bundeswehr in Kunduz in einem angemieteten Gehöft mitten in der Stadt die deutsche Flagge auf. Der bisherige amerikanische Kommandeur des PRT, Oberst Frederick Tawes, versicherte den Deutschen, dass die Gegend die wohl sicherste in ganz Afghanistan sei. Seine Männer jedenfalls hätten dort keinen einzigen Schuss abgeben müssen.[55] Unter den deutschen Soldaten machte das Wort von „Bad Kunduz" als Bezeichnung für einen vermeintlichen Kurort die Runde. Bewacht wurde das Areal von der Privatarmee des afghanischen Verteidigungsministers Fahim. Dennoch wurde aus Sicherheitsgründen mit dem Bau eines Feldlagers vor den Toren der Stadt begonnen, in der Nähe des Flughafens auf einer Anhöhe,

---

55 Vgl. http://www.afghanistan-connection.de/die-mission-in-afghanistan-der-groesste-einsatz-in-der-geschichte-der-bundeswehr/

geschützt von Steinwällen. Kunduz sollte zum deutschen Schicksalsort in Afghanistan werden.

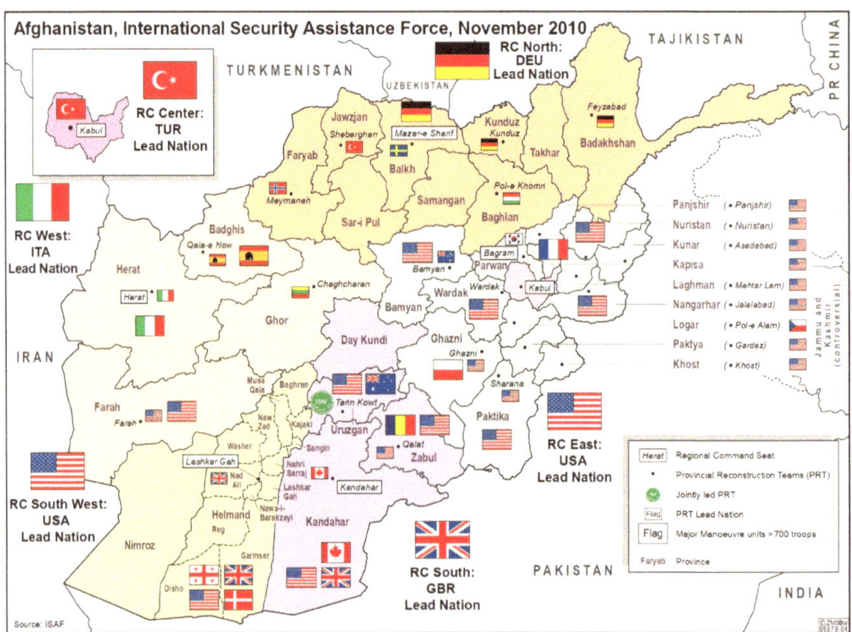

Deutschland war einer der wichtigsten Akteure in Afghanistan und die meiste Zeit des Einsatzes für den Norden zuständig – mit den Hauptstützpunkten in Mazar-e Sharif, Kunduz und Faizabad.

Nach sechs Monaten waren bereits neben 250 deutschen Soldaten rund 400 Mitarbeiter von 70 Hilfsorganisationen in Kunduz tätig.[56] Bis zum Abzug aus dem Lager im Jahr 2013 sollte das Personal auf zeitweise 1.000 Deutsche ansteigen.[57] Insgesamt blieb die Zahl der Kräfte aber zu jedem Zeitpunkt des Afghanistan-Einsatzes angesichts des Umfangs der Aufgabe lächerlich gering. Im Norden waren kaum mehr Soldaten aus 18 Ländern stationiert als nötig, um die eigenen Garnisonen zu sichern.

Die hohen Standards, die man aus der NATO gewohnt war, banden viele Kräfte im Hinblick auf Sicherheit, Logistik und medizinischer Versorgung. Erst wenn all dies funktionierte, konnte man darangehen, sich um das *Außen*

---

[56] Vgl. https://www.faz.net/aktuell/politik/ausland/afghanistan-und-deutschland-auf-kundus-richteten-sich-die-hoffnungen-17476535.html

[57] Chiari (2020), S. 87.

zu kümmern, die Verhältnisse im Land. Dass der Aufbau einer militärischen Infrastruktur überhaupt gelang, muss als Erfolg jener Jahre bezeichnet werden. Von einer großflächigen Kontrolle oder gar Befriedung des Landes konnte hingegen keine Rede sein. Auch nicht, wenn man die afghanische Armee heranzog. Das im Norden dislozierte 209. Korps der Afghan National Army (ANA) verfügte über ganze 9.000 Mann, von denen die internationalen Truppen nicht wussten, wie zuverlässig diese waren. Der Schwerpunkt des ISAF-Einsatzes lag eindeutig im Süden Afghanistans; im Norden lautete das Prinzip: *Economy of Force.*

Geleitet wurde das PRT wie bereits angedeutet von einer gleichberechtigten zivil-militärischen Doppelspitze: einem Oberst als Kommandeur und einem Vertreter des Auswärtigen Amts. Weisungsunabhängige Vertreter des Entwicklungshilfeministeriums und des Innenministeriums kamen hinzu. Das weitere Personal stammte aus verschiedenen Nationen. Untereinheiten eines PRT waren so genannte MOLT: Mobile Observation and Liaison Teams, die unter anderem die Aufgabe hatten, afghanische Soldaten auszubilden.

Die komplette Logistik lag in Kunduz in den Händen der Bundeswehr. Die Hauptaufgabe der Kommandeure war, sich mit den schwer zu verstehenden Verhältnissen vor Ort zu befassen und sich zu arrangieren, vor allem aber jene *local power broker* im Kampf gegen die Aufständischen zu finden, ohne die der internationale Einsatz zum Scheitern verurteilt war. Ohne Verbündete in den formellen und informellen Strukturen der afghanischen Gesellschaft war nichts zu machen. Es oblag dem Geschick der jeweiligen PRT-Leiter, Afghanen von Einfluss zu identifizieren, die sich überzeugen ließen, mit der Bundeswehr zusammenzuarbeiten.

Zu den Aufgaben des PRT gehörten auch die Verbesserung der örtlichen Infrastruktur wie beispielsweise das Bohren von Brunnen, Sicherstellen der Stromversorgung, Straßenbau, Kooperationen im Bildungs- und Gesundheitswesen, die Koordination von Hilfslieferungen sowie die Ausbildung von Angehörigen der afghanischen Behörden und der Polizei. Der militärische Auftrag bezog sich auf die Aufrechterhaltung des sicheren Umfelds und auf die Zusammenarbeit mit der afghanischen Armee. Die Bundeswehr übernahm die Schulung von ANA-Einheiten, während den afghanischen Polizisten zunächst einmal Lesen und Schreiben beigebracht werden musste.

Im Grunde genommen ging es um den Dreiklang von Präsenz, Sicherheit und Entwicklung. Präsenz durch operative Kommunikation, Patrouillen und Kontrollen. Sicherheit durch Aufklärung, Überwachung, Entwaffnung, Räumung von Sprengfallen. Und Entwicklung durch zivil-militärische Zusammenarbeit, Aufbauhilfe, Schulung. Die konkreten Aufträge aus Berlin für die Verantwortlichen und ihre Untergebenen vor Ort blieben vage und die

Kenntnisse über das Land rudimentär. In die Binnenverhältnisse der afghanischen Gesellschaft bekamen die deutschen Offiziere keine Einblicke. Die kulturellen und sprachlichen Barrieren waren enorm. Vielen Soldaten war nicht klar, was sie in dem Land eigentlich sollten. „Erst bomben die Amerikaner alles kaputt, und andere müssen die Drecksarbeit machen. Und gegen wen wir kämpfen, ist mir auch nicht klar. Ich befürchte, dass sich das noch ausweiten wird und keiner sagt irgendwann ‚Stopp‘", zitiert der Militärhistoriker Sönke Neitzel einen Soldaten.[58] Die Bundesregierung jedenfalls hatte nicht einmal für die Bundeswehr längerfristige Ziele für den Afghanistan-Einsatz, geschweige denn für das gesamte deutsche Engagement. Im Zweifel konnte die Bundesregierung der Öffentlichkeit immer erklären, dass es sich um einen humanitären Einsatz handelte. Mehr wäre der kritischen deutschen Öffentlichkeit auch nicht zu vermitteln gewesen, selbst wenn es ein weitergehendes Konzept, gar einen Masterplan gegeben hätte.

Doch noch bevor die Deutschen in Kunduz begannen, Brunnen zu bohren und in umliegenden Dörfern Schulen instandzusetzen, hatten sich Soldaten des Kommandos Spezialkräfte im März 2002 an einer Expedition gegen Al-Qaida im Osten Afghanistans beteiligt. Auch Kräfte aus Großbritannien, Kanada, Norwegen und Australien nahmen teil. Diese Operation Anaconda wurde zum ersten großen Gefecht nach der Befreiung des Landes von den Taliban. Etwa 1.000 Al-Qaida-Kämpfer hatten sich in den Felsen des Shahi-Tals und den Höhlen des schwer zugänglichen Arma-Gebirges verschanzt. Etwa 1.700 US-Soldaten, unterstützt von den Bundeswehr-Soldaten und Einheiten anderer westlicher Nationen sowie von 1.000 afghanischen Milizionären, gingen gegen die Al-Qaida-Mitglieder vor. Dabei wurden neben Maschinengewehren auch Mörser eingesetzt. Am 12. März errangen die Amerikaner nach tagelangen und verlustreichen Gefechten die Herrschaft über das Tal und die dortigen Höhlenkomplexe.[59] Während die Operation für US-General Tommy Ray Franks, von 2000 bis 2003 als Oberkommandierender des US Central Command (CENTCOM) zuständig für den Krieg in Afghanistan, ein Erfolg war, sprachen Vertreter der britischen Royal Marines von einem militärischen Fehlschlag.

---

[58] Neitzel (2020), S. 490.
[59] Vgl. Grau, Lester W.: The Coils of the Anaconda. America's first conventional battle in Afghanistan, Dissertation, University of Kansas, Lawrence 2009.

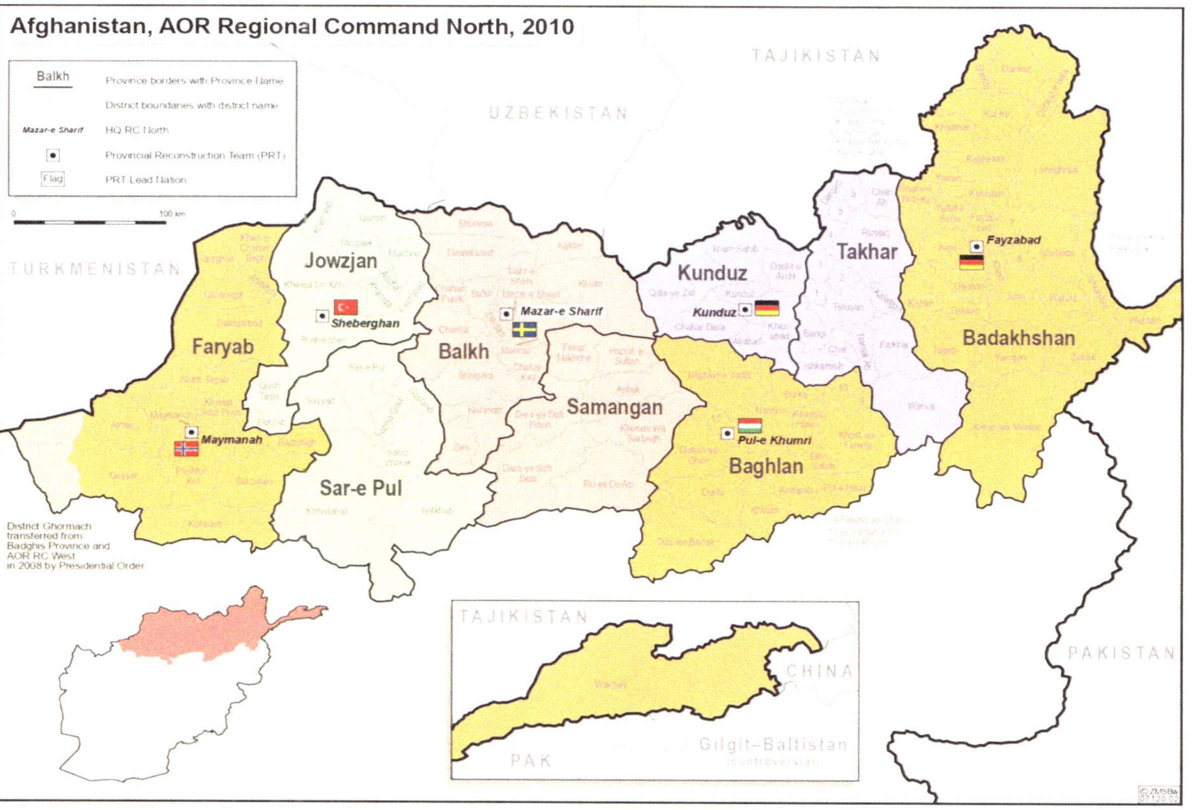

In seinem Verantwortungsbereich (AOR: Area of Responsibility) wurde Deutschland vor allem unterstützt von Norwegern, Türken, Schweden, Ungarn – und immer wieder auch von den Amerikanern.

Eine Bundeswehr-Patrouille unterwegs zwischen Faizabad und Kunduz.
Foto: Bundeswehr/PIZ Kunduz

In jedem Fall hatte Operation Anaconda gezeigt, dass man den Feind mit herkömmlichen Mitteln nicht würde schlagen können – oder nur unter großen eigenen Verlusten. Die Operation Anaconda war der Auftakt zu unzähligen mehr oder weniger groß angelegten Militäroperationen in den folgenden Jahren, deren Erfolge allesamt überschaubar blieben. Zwar konnten immer wieder Anführer von Taliban oder Al-Qaida ausgeschaltet werden, jedoch rekrutierten die Taliban laufend Generationen von neuen Kämpfern. Zudem gelang es ihnen, durch Anschläge und Selbstmordattentate im ganzen Land, den Wiederaufbau zu behindern. Sogar einer der bekanntesten Mudschahedin-Führer, der zweimalige Ministerpräsident Gulbuddin Hekmatyar, schloss sich den Taliban an und stellte sich öffentlichkeitswirksam gegen die USA und ihre Verbündeten in Afghanistan, so wie er einst gegen die Sowjets gestanden hatte. 2015 wechselte Hekmatyar dann erneut die Fronten, was die afghanische Regierung propagandistisch ausnutzte. „Talib zu sein, avancierte nun im Unterschied zu den 1990er Jahren zu einem Lifestyle, der sich jenseits ethnischer, religiöser oder sozialer Grenzen gegen jegliche Einmischung von außen (...)"[60] verwahrte, schrieb der Friedens- und Konfliktforscher Conrad Schetter.

Am 26. Januar 2004 wurde die neue afghanische Präsidialverfassung verabschiedet, vorbereitet durch den französischen Verfassungsrechtler Guy Carcassonne. Vorbild war die französische Verfassung. Die weitgehend in den Händen des Staatspräsidenten konzentrierte Macht passte jedoch nicht zu Afghanistan mit seinen unterschiedlichen Ethnien, Kulturen und Sprachen, das de facto föderalistisch organisiert ist. Erhebliche Friktionen mit den Provinzmachthabern waren programmiert. Problematisch war auch der verfassungsrechtliche Balanceakt zwischen den Geboten der Scharia und den internationalen Menschenrechten. Laut Artikel 3 der Verfassung durfte kein Gesetz im Widerspruch zu den Grundlagen des Islam stehen.

Unterdessen sammelte die internationale Gemeinschaft weiter Geld für den Wiederaufbau ein. Auf der Afghanistan-Konferenz in Berlin am 31. März und 1. April 2004 erhielt das Land Hilfszusagen in Höhe von 7,4 Milliarden Euro.

Am 9. Oktober 2004 fanden die ersten freien Präsidentschaftswahlen in der Geschichte Afghanistans statt. Der seit 2001 amtierende Übergangspräsident Hamid Karzai wurde im Amt bestätigt. Er erhielt rund 55 Prozent der Stimmen, der nächste Kandidat folgte abgeschlagen mit 15 Prozent. Der Wahlbetrug bei dieser Abstimmung galt als weniger gravierend als bei Wahlen in den Folgejahren. In weiten Teilen des Landes herrschte Frieden. Reisen von Bundestagsabgeordneten zum Bundeswehr-Kontingent in Afghanistan wurden zur Routine. Manche Abgeordneten zeigten ein erstaunliches Maß an Unwissen, was Brigadegeneral Walter Spindler, der 2004 die Deutsch-Französische Brigade in Kabul führte, verblüffte. Kritische Fragen von Soldaten beantworteten die deutschen Parlamentarier mit Floskeln wie „Wir haben in Afghanistan ureigenste Interessen."[61] Selbst Mitglieder des Verteidigungsausschusses waren nicht imstande, den Auftrag der Bundeswehr in Afghanistan konkret zu umschreiben. Sie begnügten sich damit, die allgemeinen Rahmenbedingungen des Einsatzes der *Parlamentsarmee* Bundeswehr vor Ort zu kontrollieren und sich von dem exotischen Land beeindrucken zu lassen.

---

[60] Chiari (2020), S. 88.
[61] Vgl. Neitzel (2020), S. 492.

Ein deutscher Soldat sichert 2008 im Norden Afghanistans eine Zufahrtsstraße.

Foto: Bundeswehr/Groeneveld

Als ranghöchster Politiker fügte Verteidigungsminister Peter Struck (SPD, 1943-2012) der vagen Afghanistan-Rhetorik den berühmten Satz hinzu: „Unsere Sicherheit wird nicht nur, aber auch am Hindukusch verteidigt." Er sprach ihn am 11. März 2004 in einer Regierungserklärung im Bundestag aus, er hatte ihn aber so oder ähnlich seit 2002 bereits mehrfach verwendet. Diese auch „Struck-Doktrin" genannte Formel wurde zu einer der umstrittensten Phrasen eines deutschen Politikers zum Thema Afghanistan. Sie war quasi der Schlusssatz einer über eine ein Jahrzehnt währenden Entwicklung, in der sich die Begriffe Sicherheit und Verteidigung in Deutschland erweitert und der Auftrag der Bundeswehr sich grundlegend gewandelt hatte. Struck, dieser skeptische Pragmatiker, brachte mit seinem geflügelten Wort für die Öffentlichkeit auf den Punkt, was Kern der Politik seines Kanzlers Schröder war: Nur wenn man der deutschen Öffentlichkeit einen für sie halbwegs plausiblen Grund für das Afghanistan-Engagement nennen konnte und dieser von den Meinungsbildnern des Landes auch akzeptiert würde, war es möglich, Deutschlands Anspruch gegenüber den USA auch zu realisieren. Dass Deutschlands Sicherheit eben *nicht* am Hindukusch verteidigt wird, hat das Jahr 2021 gezeigt, als es plötzlich nötig wurde, aus Afghanistan abzuziehen. Dieser Abzug war ebensowenig plausibel, wie der Einsatz bis dahin mit der

„Struck-Doktrin" nachvollziehbar begründet werden konnte. Der Hexameter aus dem 16. Jahrhundert, *tempora mutantur, nos et mutamur in illis* (Die Zeiten ändern sich, und wir ändern uns in ihnen) bewahrheitete sich einmal mehr. Wie so oft in der Politik war 2021 plötzlich nichts mehr wert, was 20 Jahre lang als unumstößlich galt. Das *Framing*, das Struck versucht hatte, funktionierte jedenfalls von Anfang an nicht.

Wie auch immer, die Bundesrepublik wurde bald zum drittgrößten Truppensteller der ISAF-Mission und damit einer der wichtigsten Akteure im Land. Das BMVg engagierte sich im höchsten Maße, der Einsatz band dort mehr und mehr gewaltige Ressourcen. Von den anderen beteiligten Ministerien konnte man das nicht sagen. Das Bundesinnenministerium unterstützte 2002 gerade einmal mit 16 Polizisten den Aufbau der afghanischen Nationalpolizei; bis 2009 wurden es nicht mehr als 100 deutsche Polizisten.[62] Die Zahl der Beamten des Auswärtigen Amtes und des Entwicklungshilfeministeriums blieb ebenfalls gering – und das, obwohl die deutsche Politik doch immer den zivilen Charakter des Afghanistan-Engagements betonte. Neitzel stellt daher zu Recht fest: „Die Zivilmacht Deutschland hatte ihre zivilen Ressourcen zur Krisenbewältigung offensichtlich schlecht entwickelt."[63]

2006 war die Ausdehnung der Verantwortung der ISAF auf ganz Afghanistan abgeschlossen. 10.400 zuvor der OEF zugerechnete amerikanische Soldaten kamen nun auch unter das ISAF-Kommando, womit die USA mit einem Schlag der Motor der ISAF wurde. Die ISAF-Truppe erreichte im Sommer 2006 eine Gesamtstärke von 18.500 Mann.

Am 19. Dezember 2005 kam das afghanische Parlament zu seiner konstituierenden Sitzung zusammen. Damit war der Bonner Friedensprozess formell abgeschlossen. In der Realität Afghanistans gelang es der Regierung in Kabul aber weiterhin nicht, das Land zu führen und zu kontrollieren. Die internationale Gemeinschaft sah sich weiterhin in der Pflicht und setzte den politischen Prozess für Afghanistan fort. Am 31. Januar 2006 wurde auf der Londoner Afghanistan-Konferenz eine Vereinbarung getroffen, nach der die internationalen Wiederaufbauverpflichtungen verlängert, aber zugleich die Eigenverantwortung Afghanistans für seine Entwicklung, die so genannt *afghan ownership*, festgeschrieben wurde. 10,5 Milliarden Dollar sagte die internationale Gemeinschaft bis 2010 zu: für Unterstützung bei der Sicherheit, Regierungsführung, Rechtsstaatlichkeit und Menschenrechte, soziale Entwicklung und Drogenbekämpfung.

---

[62] Vgl. ebda., S. 494.
[63] Ebda., S. 494.

Es war die Zeit, als die Taliban sich in ihrem pakistanischen Exil inzwischen unbemerkt vom Westen soweit reorganisiert hatten, dass sie in der Lage waren, den Kampf gegen die als Besatzer empfundenen westlichen Truppen in größerem Stil wieder aufzunehmen. Ungefähr von 2005 an machte sich die schlechte Regierungsführung Karzais im ganzen Land bemerkbar. Die Enttäuschung der Menschen über ausufernde Korruption, Inkompetenz und mangelhafte Fortschritte nahm zu. Vor allem war es nicht gelungen, eine effiziente afghanische Sicherheitsstruktur aufzubauen. Das alles spielte den Taliban in die Hände. Pakistan selbst hatte kein Interesse an einer Zurückdrängung der Taliban, weil die afghanische Regierung enge Beziehungen zu Indien, dem Erzfeind Pakistans, unterhielt. Islamabad glaubte, durch ein Gewährenlassen der Taliban beizeiten an Einfluss in Afghanistan zu gewinnen.

Ungefähr vom Winter 2005/2006 an waren die Taliban in der Lage, den Kriegsverlauf wirkungsvoll zu ihren Gunsten zu beeinflussen. Sie gingen zu komplexeren militärischen Aktionen über, an denen sich auch größere Formationen beteiligten. Zugleich verfeinerten sie ihre Anschlagstechniken durch Sprengfallen und Hinterhalte. Vorbild waren die Aufständischen im Irak, so dass immer häufiger von einer „Irakisierung" Afghanistans die Rede war. Hauptsächlicher Schauplatz des Widerstands war zunächst der Süden des Landes, wo Amerikaner, Briten und Niederländer zunehmend unter Druck gerieten und 2006 auch die Kontrolle über weite Gebiete zu verlieren begannen.

Verantwortung für Nord-Afghanistan

Erstmals seit 1988 hatten die Afghanen Ende 2005 also wieder ein Parlament und Provinzräte. Trotz Anschlagsdrohungen hatten sich 12,7 Millionen der 28 Millionen Afghanen für die Wahlen registrieren lassen; zur Wahl selbst gingen 6,8 Millionen Menschen – eine Wahlbeteiligung von 54 Prozent. Ehemalige Warlords wie Abdul Rashid Dostum gewannen die Mehrheit sowohl im Unterhaus (Wolesi Dschirga) als auch in den Provinzräten. Die Urnengänge wurden international als Erfolg gewertet.

Im Sommer dieses Jahres, genauer im Juli 2005, begann die Bundeswehr mit dem Bezug ihres neuen Feldlagers außerhalb von Kunduz. Zwei Monate später wurden die Arbeiten an einem weiteren Feldlager aufgenommen, und zwar in Masar-e Scharif, der mit mehr als 500.000 Einwohnern viertgrößten Stadt Afghanistans, 170 Kilometer westlich von Kunduz gelegen. Diese Camp Marmal genannte Einrichtung sollte das größte Feldlager der Bundeswehr außerhalb Deutschlands werden. Benannt war das Lager nach dem nahegelegenen

Marmal-Gebirge. Auf 2,5 mal 1,5 Kilometern Grundfläche würde es maximal bis zu 5.500 ISAF-Soldaten aus 21 Nationen, davon knapp 3.000 Angehörige der Bundeswehr, aufnehmen können. Während der ISAF-Nachfolgemission Resolute Support war Camp Marmal Stützpunkt für rund 1.000 deutsche Soldaten. Es wirkte wie eine aus dem Boden gestampfte militärische Kleinstadt. Zu ISAF-Zeiten beherbergte das weitläufige Feldlager den umfangreichen Stab des Regional Command North und die Quick Reaction Force. Der Sanitätsdienst der Bundeswehr betrieb dort ein Lazarett auf dem medizinischen Niveau eines deutschen Kreiskrankenhauses.

Camp Marmal galt als Etappe, als „Moloch" und als „Raumschiff", in dem man sich mit großem Aufwand um viele Nebensächlichkeiten kümmerte, wie ein dort eingesetzter Soldat in seinem Tagebuch vermerkte.[64] Kunduz hingegen wurde von den deutschen Afghanistan-Veteranen als „Front" angesehen, erst recht aber die verschiedenen Außenposten. Mit Ausnahme der Angehörigen des Kommandos Spezialkräfte blieb während der Mission Resolute Support die Masse der deutschen Soldaten im Lager in Masar-e Scharif. Nur im Notfall wurden die Soldaten des multinationalen Force-Protection-Bataillons zur Sicherung eingesetzt. Direkt im Kampf sollten nur noch die Amerikaner die afghanische Armee unterstützen.

Der Historiker Sönke Neitzel beschrieb die Szenerie im Camp Marmal so: „Der Müll wurde sorgfältig getrennt, den afghanische Arbeiter dann einsammelten, außerhalb des Lagers wieder zusammenschütteten, nach Brauchbarem durchsuchten und irgendwo verklappten. Offiziere, die – wie in Kunduz oder im OP North üblich – ihre geladene Pistole bei sich trugen, wurden hier zuweilen angeschaut, als kämen sie von einem anderen Stern. Es gab Betreuungseinrichtungen aller Art, die in ihrer Fülle so gar nicht zu Land und Leuten passten. Man konnte Tanzkurse besuchen und in einem gut ausgestatteten Fitnessbereich trainieren."[65]

2006 war der Aufbau der zivil-militärischen Strukturen durch die Bundeswehr und die anderen beteiligten Ministerien im Norden Afghanistans weitgehend abgeschlossen. Nun stand ein neuer, bedeutender Schritt im deutschen Afghanistan-Engagement bevor: Im Juni 2006 übernahm Deutschland im Rahmen der neuen ISAF-Struktur die Führung des Regional Commands North (RC North). Damit oblag der Bundeswehr nun die Verantwortung für die Sicherheit im gesamten Norden Afghanistans – eine Region, die knapp halb so groß wie die Bundesrepublik ist und in der in neun Provinzen insgesamt 6,7 Millionen Menschen lebten. Dies war aus politischer Sicht ein bedeutender Schritt, unterstrich Deutschland damit doch seine Rolle als *Lead Nation* in

---

[64] Vgl. Neitzel (2020), S. 543.
[65] Ebda.

Afghanistan. Innerhalb des deutschen Verantwortungsbereichs wurde die Bundeswehr von insgesamt 18 Nationen unterstützt, darunter türkische, norwegische, schwedische und ungarische Einheiten. Aus Kabul zog sich die Bundeswehr komplett zurück.

Soldaten des 29. Einsatzkontingents gehen im August 2012 über das Gelände des Feldlagers Camp Marmal bei Mazar-e Sharif, dem größten seiner Art unter deutscher Verantwortung.   *Foto: Bundeswehr/Wilke*

Die USA führten die Regionen Ost und Südwest, die Briten den Süden, die Italiener den Westen und die Türken die Hauptstadt Kabul und deren engere Umgebung. Der Norden galt als relativ sicher, wohingegen im Süden und Südosten die Terroristennester lagen, mit denen sich Briten und Amerikaner auseinanderzusetzen hatten. Forderungen der Verbündeten, auch Deutschland solle Kampftruppen in den Süden entsenden, lehnte die Bundesregierung mit dem für die Partner schwer nachzuvollziehenden Verweis darauf ab, dass ihr PRT-Ansatz nicht mit einem Kampfeinsatz zu vereinbaren sei. Auch erwartete sie – das klang schon plausibler – Probleme bei der Rechtfertigung eines Einsatzes im Süden Afghanistans gegenüber dem Bundestag. Nichts fürchtete die Bundesregierung mehr als ein Abgleiten ihres Engagements in einen Kampfeinsatz. Mit Sympathie durfte Berlin dabei auf Seiten der Partner nicht rechnen. „Es ist höchste Zeit, dass die Deutschen ihre Schlafplätze verließen und lernten, Taliban zu töten", war aus Kreisen kanadischer Offiziere zu hören.[66]

Die deutsche Weigerung, sich an Kampfeinsätzen im Süden zu beteiligen, wirkte umso peinlicher, als die Niederländer ihr im deutschen Verantwortungsbereich gelegenes PRT in der Provinz Baghlan an die Ungarn abgaben und ihre Truppen in den Bereich des Regionalkommandos Süd verlegten, um dort an der Seite von Briten und Kanadiern in den Kampf zu ziehen. Als Grund für die Entschlossenheit der Niederländer ist das Trauma von Srebrenica anzusehen, wo niederländische Blauhelmsoldaten 1995 im Bosnien-Krieg das Massaker bosnischer Serben an 8.000 Moslems zuließen und sich seitdem dem Vorwurf der Feigheit ausgesetzt sahen. Diese Scharte wollten sie in Afghanistan auswetzen.

Die Bundesregierung konnte bei ihrer Ablehnung amerikanisch-britischer Forderungen nach einem Engagement im Süden auch darauf verweisen, dass im Jahr 2006 der Norden – hier vor allem die Region um Kunduz – auch nicht mehr ruhig war und die Bundeswehr zur Stabilisierung im eigenen Verantwortungsbereich gebraucht wurde. Tatsächlich verlagerten die Taliban ihre Aktivitäten mehr und mehr in den Norden und fanden auch dort Unterstützer.

Selbstmord-Attentäter waren die neue Waffe der Taliban. Sie hatten erkannt, dass sie auf dem Schlachtfeld gegen die hochgerüsteten internationalen Truppen nicht bestehen konnten. Deshalb verlegten sie sich auf Sprengfallen und auf Selbstmordanschläge. Beide Methoden sind schwer zu verhindern. In Afghanistan war diese Anschlagsform bislang so gut wie unbekannt; nicht einmal gegen die verhasste Rote Armee hatten die Mudschaheddin Selbstmordattentäter ins Feld geschickt. Das war nun anders.

Allein 2006 sprengten sich in Afghanistan fast 140 Männer im Glauben an das danach versprochene Paradies in die Luft – und rissen dabei auch etliche Soldaten und Zivilisten mit in den Tod.[67] Bis Mai 2007 waren bereits 21 deutsche Soldaten in Afghanistan gefallen. Das Kalkül der Taliban lautete, dass durch möglichst hohe Verluste der verhassten fremden Armeen die Unterstützung in deren Heimatländern sinken würde und sie über kurz oder lang gezwungen wären, abzuziehen. In den sozialen Medien wie überhaupt im Internet konnten sie sich als David gegen Goliath darstellen, der die mächtigsten Länder der Welt das Fürchten lehrte. Die Sicherheitslage begann jedenfalls auch im vergleichsweise friedlichen Norden zu kippen. Zwischen 2007 und

---

[66] Zit. nach ebda., S. 496.

[67] Vgl. Deutsche Welle: Drei deutsche Soldaten bei Anschlag in Afghanistan getötet, 19.5.2007, https://www.dw.com/de/drei-deutsche-soldaten-bei-anschlag-in-afghanistan-getötet/a-2543417

2010 stieg die Zahl der Vorkommnisse in den Provinzen Kunduz und Takhar von 68 auf 633.[68]

Fast wöchentlich wurde das Feldlager Masar-e Scharif mit ungelenkten Raketen beschossen. Wer genau dahinter steckte, war kaum auszumachen. Im ISAF-Jargon sprach man von *Opponent Militant Forces* oder *Insurgents*. Und selbst, wenn man es gewusst hätte, hätte es nichts genutzt.

Nur mit Glück überstand eine deutsche Patrouille am 27. Juni 2006 den Anschlag eines solchen Selbstmordattentäters. Zwei afghanische Zivilisten wurden dabei getötet. Eine Patrouille der Schutzkompanie des PRT war mit ihren Fahrzeugen vom Typ Dingo und Fennek unterwegs, als ein Geschoss den Fennek am rechten Vorderrad traf, dort detonierte und die rechte Tür herausriss. Der Geschosskopf drang in die Fahrerkabine ein. Die drei Besatzungsmitglieder erlitten Verbrennungen und Splitterverletzungen, kamen aber mit dem Leben davon. Eine herbeigerufene zweite Patrouille wurde in einen Hinterhalt gelockt und ebenfalls beschossen.

Das Gelände in der Region und die örtlichen Verhältnisse machten es Angreifern leicht, zuzuschlagen. In den engen Straßen mit tiefen Gräben am Rand und einer enormen Staubentwicklung war Ausweichen oft unmöglich. Die Falle schnappte immer wieder zu, und die Angreifer konnten aus ihren Verstecken hinter Lehmmauern und in trockenen Bewässerungskanälen losschlagen. Der politisch inkorrekte Begriff „Indianerland" als Synonym für eine unsichere Region, in der stets mit allem zu rechnen ist, machte unter Bundeswehrsoldaten die Runde.

Nur einen Tag nach dem Überfall auf die genannte Patrouille gerieten die Deutschen erneut unter Beschuss, wobei drei Soldaten leicht verletzt wurden. Am 19. Mai 2007 ereignete sich dann ein schwerer Selbstmordanschlag auf dem Markt in Kunduz, bei dem Hauptmann d.R. Matthias Standfuß (31), Oberfeldwebel d.R. Michael Diebel (28) und Oberfeldwebel d.R. Michael Neumann (48) getötet wurden. Acht afghanische Zivilisten kamen ums Leben, 13 Zivilisten wurden verletzt. Taliban-Kommandeur Mullah Hajatullah Chan sprach anschließend zynischerweise von einem „sehr erfolgreichen Anschlag".[69] Es war eine Zäsur.

In der Heimat reagierte man nun zunehmend empfindlich: Politik und Medien begannen, den Afghanistan-Einsatz kritischer zu hinterfragen. Der Vorsitzende des Bundeswehr-Verbands, Bernhard Gertz, der schon 2003 den Einsatz in Frage gestellt hatte, warf die Frage auf, ob man es weiter verant-

---

[68] Vgl. Hartmann (2021), S. 67
[69] Vgl. Deutsche Welle, https://www.dw.com/de/drei-deutsche-soldaten-bei-anschlag-in-afghanistan-getötet/a-2543417

worten könne, dass die Soldaten für eine Sache ihr Leben riskierten, deren
Ausgang zweifelhaft sei. Außer der Tatsache, dass in Afghanistan Wahlen er-
möglich worden seien, habe man kein wesentliches Ziel erreicht, sagte Gertz
in einem Zeitungsinterview. Deshalb müsse man „die Sinnfrage nach dem
Einsatz in Afghanistan noch deutlicher stellen – so deutlich, dass sie nicht
mehr überhört wird“.[70]

*Ein Bundeswehrsoldat joggt in seiner Freizeit entlang der Schutzmauer des Camps Marmal
bei Mazar-e Sharif. Aufnahme vom 3. August 2012.   Foto: Bundeswehr/Wilke*

Die Entfremdung zwischen internationalen Truppen und Einheimischen
wurde von Monat zu Monat größer. Die Soldaten aus dem Westen sahen bald
in jedem Zivilisten einen potenziellen Attentäter und wurden nervöser. Die
Afghanen auf der anderen Seite empfanden die ausländischen Truppen immer mehr als Eindringlinge, durch die sich die Dinge nicht wie versprochen
verbesserten, sondern eher noch verschlechterten. Tragische Missverständ-
nisse wie jenes, das sich am 28. August 2008 ereignete, trugen zur Verbit-
terung auf afghanischer Seite bei: Deutsche Soldaten eröffneten an einem
Checkpoint das Feuer auf ein afghanisches Auto, das die Signale der Bundeswehrsoldaten nicht beachtet hatte. Dabei starben eine afghanische Frau und

---

[70] Vergleiche https://www.faz.net/aktuell/politik/ausland/nach-anschlag-in-kundus-kritik-
an-strategie-fuer-afghanistan-1435063.html

zwei Kinder, zwei weitere Kinder wurden verletzt. Am 24. Oktober 2008 wurden fünf afghanische Zivilisten bei einem ähnlichen Zwischenfall durch deutsches Feuer verletzt.

Die Bundeswehr rückte nur noch mit geschützten Fahrzeugen aus und suchte verstärkt gemeinsam mit der afghanischen Armee nach Waffenlagern. Insgesamt aber waren die deutschen Kräfte zu schwach, um das Problem dauerhaft zu lösen. Dem Kommandeur des PRT Kunduz standen lediglich 450 Mann zur Verfügung, von denen nur 120 als Infanteristen und Feldjäger einsetzbar waren. Der Rest befasste sich mit Aufklärungsaufträgen oder – typisch für die überbürokratisierte Verwaltungsarmee Bundeswehr – mit Versorgungs- und Verwaltungsaufgaben. Operationen liefen höchstens auf Kompanieebene ab und fanden auch nur im nahen Umfeld des Feldlagers statt, manchmal mit Unterstützung der afghanischen Armee oder der Polizei.

Die Bewegungsfreiheit der ISAF-Truppen nahm in dem Maße ab, in dem die Gewalttaten der Aufständischen zunahmen. Dabei entwickelten sie immer raffiniertere Sprengfallen. Der Begriff IED (*Improvised Explosive Device*) für diese selbst gebauten Sprengkörper ging in den allgemeinen Sprachgebrauch der Bundeswehr über und sollte für die Soldaten bis zum letzten Tag in Afghanistan nicht an Schrecken verlieren. Die Moral der 3.000 deutschen Soldaten begann spätestens 2007 zu sinken. Immer mehr fragten nach dem Sinn ihres Einsatzes und wollten wissen, wofür sie eigentlich in Afghanistan ihr Leben aufs Spiel setzten.

Die schwindende Überzeugung, in dem Land adäquat eingesetzt zu sein, hatte ihren Grund auch in der zögerlichen Haltung der Bundesregierung, die der Bundeswehr die Ausstattung mit Kampftruppen in ausreichender Zahl und mit entsprechenden Waffen verwehrte – auch wenn der neue Verteidigungsminister Karl-Theodor zu Guttenberg (CSU) im November 2009 von „kriegsähnlichen Zuständen"[71] sprach. Es gab nach wie vor kein taktisches Konzept zur Aufstandsbekämpfung, ja noch nicht einmal ein hinreichend detailliertes Lagebild. Hinzu kam die fehlende Bereitschaft der Politik, gegebenenfalls auch Verluste hinzunehmen, die bei einem robusteren Auftreten nicht ausgeschlossen werden konnten. Nicht einmal den Begriff *Gefallene* wollten deutsche Politiker lange Zeit in den Mund nehmen. Erst im Oktober 2008 hatte Guttenbergs Vorgänger Franz Josef Jung erstmals von *Gefallenen* gesprochen – sieben Jahre nach Beginn des Einsatzes.

Der Ansatz der Deutschen blieb auch nach Dutzenden Attacken auf sie rein defensiv. Anwendung von Gewalt war den Bundeswehrangehörigen erst nach einem gegnerischen Angriff erlaubt. Maßstab war hier das deutsche Polizei-

---

[71] „Ich verstehe jeden, der sagt, in Afghanistan ist Krieg", in: Bild-Zeitung, 13.11.2009.

recht – doch Afghanistan war nicht in den Kategorien des Polizeirechts zu fassen. Der eng gesteckte rechtliche Rahmen war für Afghanistan vollkommen untauglich. Er sah die beste militärische Option, nämlich vorausschauendes Handeln, schlicht und einfach nicht vor.

Die Borniertheit der deutschen Paragraphenreiterei zeigte sich auch darin, dass Bundeswehrangehörige nicht einmal selbstständig Aufständische ergreifen durften, was an sich eine Selbstverständlichkeit in einem feindlichen Umfeld ist. Festnahmen hatten stets zusammen mit afghanischen Sicherheitskräften oder den Amerikanern zu erfolgen, so die Weisung des Einsatzführungskommandos. Es sollte mit allen Mitteln verhindert werden, dass Deutschland zur *Gewahrsamsmacht* mit allen rechtlichen Folgen würde. Ein Kriegsgefangenenwesen – obschon an sich erforderlich – war deutscherseits für Afghanistan schlicht nicht vorgesehen. Man log sich in Berlin in die Tasche und wollte nicht wahrhaben, dass man sich in Afghanistan im Krieg befand und scheute die Konsequenzen wie der Teufel das Weihwasser. Das führte zu absurden Vorgängen wie etwa dem, dass ein verwunderter Taliban, der von einem amerikanischen Soldaten in deutsche sanitätsdienstliche Obhut gebracht worden war, weiterhin von dem Amerikaner bewacht werden musste, um nicht den Eindruck zu erwecken, der Gewahrsam sei auf die Bundeswehr übergegangen. Dass an solchen Regelungen nicht nur die deutschen Soldaten verzweifelten, sondern auch die Verbündeten, liegt auf der Hand. Eine wirksame Aufstandsbekämpfung war so jedenfalls nicht möglich – und politisch auch gar nicht gewollt. Die Realitätsverweigerung in Berlin konnte in der Devise zusammengefasst werden: Der Wiederaufbau steht im Vordergrund, nicht der Kampf.

Die Folge der prekärer werdenden Sicherheitslage war, dass sich die Bundeswehr mehr und mehr in ihren Lagern verbarrikadierte. Sie wurden zu Festungen ausgebaut, in denen man Bunker errichtete, um darin stoisch die immer wiederkehrenden Raketenangriffe abzuwarten. Nächtliche Fußpatrouillen von Fallschirmjägern konnten den Raketenbeschuss zwar verringern, aber die Attentäter dingfest zu machen gelang nicht. Geschossen werden durfte nur auf zweifelsfrei identifizierte Angreifer. „Machte sich ein Taliban oder ein einfacher Bauer nach dem Abschuss einer dieser 107-mm-Raketen auf den Weg zurück in sein Dorf, durfte man ihn nicht behelligen", so der Militärhistoriker Sönke Neitzel über die abstrusen Einsatzregeln für die Bundeswehr.[72]

War das Eingraben im eigenen Feldlager die eine Seite der zwangsläufig gewählten Strategie der Kommandeure, so waren größere und geschütztere Patrouillen die andere. Mit 20 oder 30 Soldaten auf einmal wollte die

---

72 Neitzel (2020), S. 505.

Bundeswehr angesichts der Bedrohung auf robustere Weise Präsenz in der Fläche zeigen. „Dass sich die deutschen Soldaten mitunter wie auf dem Präsentierteller durch die Landschaft bewegten, spricht für ihren Gehorsam, ihr Pflichtbewusstsein und ihre Leidensfähigkeit – militärische Entscheidungen ließen sich so aber kaum herbeiführen"[73], konstatierte Hartmann.

Ungefähr von 2008 an beobachtete die Bundeswehr bei den Aufständischen eine weitere Verfeinerung der Anschlagstechnik. Egal ob Sprengfallen, Selbstmordattentäter oder sogar der direkte Feuerüberfall: Der Gegner traute sich mehr. In jenem Jahr registrierte die Bundeswehr nicht weniger als 35 Anschläge im Raum Kunduz, sieben im Raum Faizabad und sechs in der Provinz Baghlan – im Schnitt also fast jede Woche einen.

Die Bundeswehr war schon nicht in der Lage, die lokalen Milizen in den Dörfern ihres Verantwortungsbereichs zu entwaffnen – ein von den Amerikanern empfohlenes härteres Zuschlagen gegen die Taliban war gänzlich undenkbar. In einem Land, in dem selbst einheimische Polizeichefs in Straftaten verwickelt waren oder illegale Checkpoints betrieben, um Geld zu kassieren, war die Bundeswehr mit ihrem von der Politik vorgeschriebenen defensiven Ansatz jeder denkbaren Gefahr ausgeliefert. Die Bundeswehr konnte sich nie darauf verlassen, dass die lokalen Autoritäten mit offenen Karten spielten.

Und das galt nicht nur in der Provinz, sondern auch auf nationaler Ebene, wie dieser Fall zeigte: 2006 gelang es amerikanischen Spezialeinheiten, den hochrangigen ehemaligen Taliban Amir Gul gefangen zu nehmen, der kurz zuvor die Seiten gewechselt hatte. Anstatt ihn für seine Verbrechen zu bestrafen, ließ ihn der afghanische Präsident Karzai zur Verblüffung und Verärgerung der Amerikaner sogleich wieder frei. Wenn schon der international hofierte afghanische Präsident korrupt war, wie sah es dann erst in der Fläche des Landes aus, wo die Weltöffentlichkeit nicht hinschaute, wo aber ein ungleicher Krieg zulasten der deutschen und der anderen ISAF-Soldaten geführt wurde?

Mit bemerkenswerter Beharrlichkeit und zum Teil enormen persönlichen Mut zeigten sich Bundeswehrsoldaten trotz aller Gefahren immer wieder auch in den entlegensten Teilen ihres Verantwortungsbereichs und suchten Dörfer auf, in denen sich zum Teil seit Jahren kein offizieller Regierungsvertreter mehr gezeigt hatte. Die Deutschen bauten Schulzelte auf und verteilten Unterrichtsmaterialien. Das war in der archaischen afghanischen Gesellschaft nicht überall willkommen. Zuweilen wurden die Uniformierten mit Steinen beworfen und davongejagt. Die Milliarden Euro und Dollar, die Jahr für Jahr nach Afghanistan flossen, waren weniger als ein Tropfen auf den heißen Stein.

---

[73] Hartmann (2021), S. 64.

Das viele Geld, wenn es denn nicht ohnehin in dunklen Kanälen versickerte, veränderte die Mentalität der meisten Afghanen nicht. Das aber hätte es gebraucht, um in dem Land als internationale Gemeinschaft erfolgreich zu sein.

Die volle Bewegungsfreiheit der Truppen konnten selbst größer angelegte Operationen nicht herstellen. Eine von ihnen war die Operation Harekate Yolo II im November 2007 unter Führung des deutschen Brigadegenerals Dieter Warnecke, Befehlshaber des Regionalkommandos Nord. An ihr beteiligten sich rund 1.000 afghanische und 500 ISAF-Soldaten, darunter 300 deutsche. Es handelte sich um die erste deutsch geführte Offensivoperation nach dem Zweiten Weltkrieg. Dabei gelang es, von Taliban erobertes Gebiet in der Provinz Badakhshan zurückzuerobern. Dies geschah ohne eigene Verluste.

Wenige Tage nach Operationsende begann das tödliche Katz-und-Maus-Spiel zwischen den Aufständischen und der ISAF aber erneut, und ein norwegischer Soldat wurde durch einen Sprengsatz in der Nähe der Stadt Meymaneh in der Provinz Faryab getötet. Die meisten Taliban hatten während der Operation ins Umland fliehen können und kamen bald wieder aus ihren Verstecken heraus. Etwa 50 Taliban wurden während der Kämpfe getötet oder festgenommen. Von einem sicheren Umfeld für die Entwicklungs- und Aufbauarbeit konnte aber nach wie vor keine Rede sein.

Operationen dieser Art waren in der Regel auf einige Tage, höchstens wenige Wochen angelegt. Die militärische Entscheidung sollte innerhalb kurzer Zeit herbeigeführt werden. Die Planung erfolgte vorrangig am Gelände, es ging vor allem um die bestmögliche Fokussierung der Waffenwirkung. Die wenigen Straßen spielten dabei eine große Rolle. Das Gelände wurde durch Vorauskommandos eingehend erkundet. Problematisch war, dass sich der Gegner äußerlich nicht von der afghanischen Bevölkerung unterschied und der Kampf nicht anders als extrem asymmetrisch geführt werden konnte. Große Erfolge blieben in der Regel aus, länger geführte Operationen blieben die Ausnahme. Reaktives, defensives Verhalten blieb das Hauptmerkmal des Engagements der Bundeswehr in Afghanistan.

Innerhalb der militärischen Führung der Bundeswehr gab es nicht nur Zustimmung zu diesem zurückhaltenden Vorgehen, für das vor allem der feinsinnige Generalinspekteur Wolfgang Schneiderhan stand. Heeresinspekteur Hans-Otto Budde, ein Soldat vom Typus Troupier, der auch schon mal den „archaischen Kämpfer" gefordert hatte[74], plädierte dafür, die Taliban aggressiver zu bekämpfen. Dahinter steckte eine grundsätzliche Frage, die bis heute in Deutschland nicht beantwortet ist: Soll die Bundeswehr vom Frieden oder

---

[74] Wolfgang Winkel: „Bundeswehr braucht archaische Kämpfer", in: Die Welt vom 29. Februar 2004.

vom Krieg her gedacht werden? Budde stand für einen robusten Ansatz, während Schneiderhan den Mainstream im politischen Berlin verkörperte, der am Narrativ der „friedlichen Entwicklung" hing und der sich nicht traute, der Öffentlichkeit zu sagen, dass in Afghanistan Krieg herrschte.

Die Bundesregierung wollte die Truppenpräsenz nicht massiv erhöhen, wiewohl dies erforderlich gewesen wäre. Andererseits gelang es ihr auch nicht, zusammen mit der afghanischen Regierung auf diplomatischem Wege einen Ausgleich zwischen den Taliban-Kommandeuren und dem Provinzgouverneur in Kunduz, Mohammed Omar, herbeizuführen, was die Voraussetzung für ein friedlicheres Umfeld im Norden Afghanistans gewesen wäre. Erschwerend kam hinzu, dass die afghanische Armee und Polizei noch weit davon entfernt waren, Verantwortung für die Sicherheit zu übernehmen. Dies lag in erster Linie an der herrschenden Korruption; die Angehörigen der afghanischen Sicherheitskräfte erhielten oft einen von ihren Vorgesetzten willkürlich reduzierten Lohn. Die Differenz steckten sich die Chefs in die eigenen Taschen. Schadlos hielten sich die Uniformierten dann wiederum an der Bevölkerung. Dass unter diesen Umständen kein Vertrauen zwischen Staatsmacht und Zivilisten entstehen und keine funktionierenden und effizienten Sicherheitsstrukturen aufgebaut werden konnten, liegt auf der Hand. Hinzu kam, dass die einheimischen Soldaten und Polizisten aus unterschiedlichen Fraktionen des Bürgerkriegs stammten und man sich gegenseitig weiterhin oft als Gegner wahrnahm, obwohl man dieselbe Uniform trug und denselben Eid geleistet hatte. Weil die Bundeswehr mit diesen Sicherheitskräften kooperieren musste, gerieten auch die deutschen Soldaten zuweilen in Verruf.

Vor diesem Hintergrund liest sich das Afghanistan-Konzept der Bundesregierung von 2007 wie pure Theorie vom grünen Tisch:

- Beibehaltung der Bundeswehr-Präsenz im internationalen Rahmen solange, bis die afghanischen Kräfte selbst für die Sicherheit sorgen können.
- Werben im Kreise der Bündnispartner um konsequente Vermeidung ziviler Opfer.
- Aktive Vermittlung der Notwendigkeit des Einsatzes in der deutschen Öffentlichkeit.
- Ausbau des zivil-militärischen Ansatzes in Abstimmung mit den Partnern.
- Ausfächerung der Präsenz im Norden durch Bildung von zivil-militärischen Beraterteams.
- Verstärkte Ausbildung der afghanischen Armee und Polizei.
- Ablösung von in Drogenkriminalität verstrickten Politikern und Beamten.

Ein derart idealistischer und realitätsferner Aufgabenkatalog stieß in der NATO auf wenig Gegenliebe. Die Stimmung in Brüssel war geprägt von einer Mischung aus Unverständnis für den bockig vorgetragenen Willen Deutschlands, in Afghanistan ja bloß als *good boy* dazustehen und der ehrlichen Anerkennung des finanziellen, wirtschaftlichen und militärischen deutschen Beitrags. Viele in der NATO wünschten sich, dass die Deutschen endlich begreifen würden, dass in Afghanistan für die gemeinsame Sache auch *gekämpft* werden müsse. Insbesondere die Amerikaner forderten nach wie vor ein stärkeres Engagement Berlins im Süden Afghanistans. Das kategorische Nein der Bundesregierung sollte alsbald angesichts des zunehmenden Drucks der Partner auf die Bundesregierung durch einen mehr oder weniger symbolischen Beitrag abgemildert werden.

Ein Recce-Tornado mit Kamera-Pod unter dem Rumpf im Februar 2009 auf dem Flugfeld in Mazar-e Sharif.   *Foto: Bundeswehr/Pressestelle Mazar-e Sharif*

Der wurde durch eine Anfrage des stellvertretenden NATO-Oberbefehlshabers John Reith, einem Briten, ermöglicht, der Generalinspekteur Schneiderhan um die Entsendung von Aufklärungsflugzeugen bat. Aufklärungskapazitäten konnten die im Süden kämpfenden Truppen gar nicht genug haben, und so waren die speziell ausgestatteten Recce-Tornados der Luftwaffe hochwillkommen. Der Tornado galt als „Allzweckwaffe für Einsätze im Ausland, in denen es Stärke zu zeigen galt, aber keinesfalls zuviel"[75]. Recce steht im Militärjargon für *Reconnaissance*, Aufklärung. Herzstück der Aufklärungsfähigkeit dieses Flugzeugs war ein torpedoförmiger Behälter unter dem Rumpf, der sogenannte „Recce-Pod". Darin befanden sich ein Infrarot-Wärmebildgerät, mit dem im Tiefflug auch kleinste Temperaturunterschiede festgestellt werden können sowie zwei Filmkameras, die Autokennzeichen sogar noch aus fünf Kilometern Entfernung lesbar machen. Im Gegensatz zu Drohnen hatten die Aufklärungstornados eine größere Reichweite, konnten auch bei schlechtem Wetter tief fliegen und selbst nachts fotografieren. 30 der zu jener Zeit insgesamt 188 Tornados der Bundeswehr waren mit dem „Recce-Pod" ausgestattet.

Im Frühjahr 2007 wurden zehn Maschinen dieses Typs vom Fliegerhorst Jagel in Schleswig-Holstein in Richtung Afghanistan in Marsch gesetzt. Sechs von ihnen waren für den Einsatz am Hindukusch vorgesehen. Diese sechs Maschinen landeten in Masar-e Scharif und hatten den Auftrag, von Mitte April 2007 an für zunächst ein halbes Jahr Bilder von Taliban-Stellungen aufzunehmen und sie den NATO-Partnern zur Verfügung zu stellen, damit diese die gewonnenen Informationen für gezielte Gegenschläge verwerten konnten. An Kampfeinsätzen sollten sich die Maschinen nicht direkt beteiligen. Insgesamt wurden die in Masar-e Scharif stationierten Tornados von rund 200 Bundeswehrangehörigen begleitet. Das Personal wurde im Abstand von etwa drei bis vier Monaten ausgetauscht.

Dass die Aufklärerbesatzungen ihren Aufgaben gewachsen waren, hatten sie in den 1990er-Jahren auf dem Balkan bewiesen, als sie Stellungen der bosnischen Serben aufklärten, die anschließend von Kampfjets zerstört wurden. Die Tornado-Besatzungen in Afghanistan hatten eine Pistole als persönliche Bewaffnung am Mann, außerdem eine große Menge Bargeld und ein so genannten „Blood Chit", einen Blutzettel: Ein Schriftstück, das sie in mehreren Sprachen als Soldaten der Bundeswehr auswies und in dem gebeten wurde, ihnen im Fall eines Absturzes zu helfen. Doch aus ihren Maschinen aussteigen musste keine Tornado-Besatzung in Afghanistan. Alle Besatzungen kehrten nach ihren Einsatzflügen sicher nach Masar-e Scharif zurück.

Ein Nachteil der Recce-Tornados war die fehlende Möglichkeit, Echtzeitdaten an die jeweilige Operationszentrale zu liefern. Die Filme des „Recce-Pods" mussten nach der Rückkehr des Flugzeugs entwickelt und von Luftbildauswertern gesichtet werden. Der Waffensystemoffizier des Tornados

---

[75] Roland Schulz: „Waffenstillstand", in: Süddeutsche Zeitung Magazin, 26. November 2021, S. 17.

war immerhin in der Lage, bestimmte Informationen auch während des Fluges zu gewinnen und einem Kampfflugzeug ein Ziel unmittelbar zuzuweisen. Dreieinhalb Jahre dauerte der Tornado-Einsatz in Afghanistan. Im September 2010 holte Verteidigungsminister Karl-Theodor zu Guttenberg die Maschinen zurück. Der Abzug ging auf einen Vorschlag des ISAF-Oberkommandierenden, US-General David Petraeus, zurück. Er hatte sich dagegen ausgesprochen, die Aufklärungsjets länger einzusetzen und wollte die freiwerdenden Personalressourcen lieber nutzen, um die ISAF-Ausbildungsprogramme auszubauen. Tatsächlich wurde die Ausbildung afghanischer Sicherheitskräfte immer mehr zur Kernaufgabe der Bundeswehr. Durch den Abzug der Tornados wurden 90 Soldaten für diese und andere Aufgaben frei.

Das Drängen der Amerikaner auf ein weitergehendes Engagement der Deutschen lag darin begründet, dass die ISAF-Truppe an der Bundeswehr nicht vorbeikam. Deutschland stellte immerhin das drittgrößte Kontingent. Der Erfolg der internationalen Mission hing also durchaus auch daran, was die Deutschen machten – oder nicht machten. Im Juli 2007 stellten sich die Zahlen der größten Kontingente so dar:

- USA: 14.750 Soldaten
- Großbritannien: 6.500
- Deutschland: 3.000
- Kanada: 2.500
- Italien: 2.500
- Niederlande: 1.300
- Türkei: 1.200
- Polen: 1.075

Zu diesem Zeitpunkt hatte die internationale Gemeinschaft bereits elf Milliarden Dollar in den Wiederaufbau investiert[76] – mit mäßigem Erfolg. Ein Teil dieser Summe – zwischen 20 und 35 Prozent – floss nach einer Studie des internationalen Forschungsinstituts Afghan Research and Evaluation Unit in Kabul in Betrieb, Verwaltung und Personal der Entwicklungshilfeorganisationen.[77] Die an sich kluge Idee, Projekte mit Partnern vor Ort durchzuführen, um die Identifikation der Afghanen mit dem Wiederaufbau zu fördern, führte allerdings zu einem florierenden Geschäftsmodell, das westliche Gelder anzog, oftmals ohne adäquate Gegenleistungen zu bieten. Nichtregierungsorganisationen schossen in Afghanistan wie Pilze aus dem Boden und boten sich

<hr>

[76] Vgl. Rolf Clement: „Kampf und Wiederaufbau", in: loyal 10/2007.
[77] Vgl. ebda.

als lokale Partner an – oft mit dem einzigen Ziel, die reichlich ins Land flie-
ßenden Gelder abzuschöpfen.

Zwischen 2006 und 2008 kippte die Situation nicht nur im Norden, sondern
in ganz Afghanistan. Während sich im Jahr 2002 Ausländer unbehelligt im
Land bewegen konnten, nahm die Zahl von Überfällen, Entführungen und
Ermordungen nun rapide zu. Rechtssicherheit blieb ein Fremdwort in dem
Land; die afghanische Regierung vermochte nicht ansatzweise, für Recht und
Ordnung zu sorgen. Die Polizei genoss einen üblen Ruf, Gerichte waren nicht
in der Lage, unabhängige Urteile zu fällen. Präsident Karzai erwies sich mehr
und mehr als eine korrupte Marionette der USA, der seine Macht auf ebenso
korrupte Gouverneure und alte und neue Milizführer abstützte, ohne das Vertrauen der Masse seiner Landsleute zu gewinnen.

Geradezu eine Geißel des Landes und eines der größten Hemmnisse der Ent-
wicklungshilfe war der Drogenanbau. Nirgendwo auf der Welt wurde (und
wird vermutlich immer noch) so viel Roh-Opium produziert wie in der afghanischen Provinz Helmand, einer Taliban-Hochburg. 92 Prozent des welt-
weiten Heroins stammte 2007 aus Afghanistan.[78] Nie zuvor hatte ein einziges
Land fast die gesamte Menge des global verfügbaren Opiums produziert.
Nach dem Ende der Taliban-Herrschaft war der Anbau und Handel mit
Opium geradezu explodiert. Es war ein lohnendes Geschäft für die Drogen-
bosse: 4.000 Tonnen Rohopium, zu Heroin verarbeitet, erzielten in den 2010-
er Jahren auf dem europäischen Markt einen Verkaufswert von 20 Milliarden
Euro.[79] Damit konnte der von der internationalen Gemeinschaft geförderte
Anbau von Getreide und Gemüse statt Schlafmohn natürlich nicht annä-
hernd mithalten.

Die USA gaben zwischen 2002 und 2017 fast acht Milliarden Dollar aus, um
die Schlafmohnfelder zu zerstören, Luftangriffe auf Labore zu fliegen und
Razzien durchzuführen.[80] Erreicht wurde wenig, im Gegenteil: Das Vorgehen
schürte unter den Bauern und der Landbevölkerung die Wut auf die Regierung in Kabul und die fremden Truppen, weil sie sich ihrer Existenzgrundlage
beraubt sahen. Die afghanische Regierung drängte auch die Bundeswehr, sich
in der Bekämpfung des Schlafmohnanbaus zu engagieren, was Berlin allerdings mit Hinweis auf das vom Bundestag erteilte Mandat zurückwies, das
eine aktive Beteiligung deutscher Soldaten an der Drogenbekämpfung aus-
drücklich ausschloss.

---

[78] Vgl. Marco Seliger: „Die Geißel Afghanistans", in: loyal 10/2007.
[79] Vgl. ebda.
[80] Vgl. „Die Taliban, der Drogenhandel und die Wirtschaft", in: Wirtschaftswoche, 16. August
2021.

Im Norden hinderten die wiedererstarkten Taliban internationale Hilfsorganisationen daran, den Wiederaufbau in der Region voranzutreiben und die Zivilbevölkerung zu versorgen. Zudem blockierten sie zeitweise Teile der ganz Afghanistan verbindenden Ringstraße und schnitten somit den Nordwesten vom Rest des Landes ab. Der deutsche Regionalkommandeur Brigadegeneral Dieter Dammjacob beauftragte deshalb die Schnelle Einsatzreserve Quick Reaction Force (QRF) in Masar-e Scharif mit der Bekämpfung der Aufständischen. Die QRF war die operative Reserve des Kommandeurs eines regionalen Verantwortungsraums.

An dieser Operation Karez nahmen im Mai 2008 250 norwegische und 60 deutsche Soldaten teil, Befehlshaber war Brigadegeneral Dammjacob. Weil die Operation außerhalb des deutschen Verantwortungsbereichs lief, brauchte die Bundeswehr eine Genehmigung des Verteidigungsministers. Diese traf erst am 15. Mai 2008, also bereits während der laufenden Offensive, ein. Die Bundesregierung hatte Bedenken, den Einsatz von Teilen ihres Kontingents auf den Distrikt Ghormach auszudehnen, begründete ihre Zustimmung aber schließlich mit der Absage italienischer und spanischer Kräfte, die im Süden Afghanistans gebunden waren. Die Operation war ein Erfolg, die Aufständischen konnten fürs erste zurückgedrängt werden. Auf Seiten der ISAF-Truppen gab es keine Verluste, auf Seiten des Gegners wurden vermutlich 13 bis 15 Taliban getötet.

Am 1. Juli 2008 ging die Führung der Quick Reaction Force von der norwegischen Armee an die Bundeswehr über. Gegliedert war die schnelle Einsatzreserve in zwei leichte Infanteriezüge, einen Zug gepanzerte Infanteriekräfte, einen Feuerunterstützungszug sowie einen Logistik- und einen Sanitätszug. Bei Bedarf konnte der Verband durch Aufklärungs-, Pionier- und zusätzliche Sanitätszüge verstärkt werden. 2009 wuchs die QRF auf Bataillonsstärke an, unter anderem mit einer Infanteriekompanie und der Fähigkeit, den Schützenpanzer Marder einzusetzen.

Der Marder – eigentlich ein Waffensystem aus dem Kalten Krieg – beeindruckte die Taliban. Die Bundeswehr machte die Erfahrung, dass sich bei einem Einsatz des Marders die Aufständischen in der Regel zurückzogen. Der 38 Tonnen schwere Schützenpanzer bot nicht nur eine mit bis zu 1.000 Meter Schussentfernung weit erhöhte Feuerkraft im Vergleich zu abgesessenen Panzergrenadieren, sondern auch Schutz gegen die meisten der von den Taliban eingesetzten Waffen. Und er war fast genauso beweglich wie die Radfahrzeuge der Bundeswehr vom Typ Fuchs, Dingo oder Wolf. Nachteil des Marders waren der hohe Verschleiß durch Sand und die Hitze des afghanischen Sommers, sowie die im Innenraum herrschenden unerträglichen Temperaturen. Nachträglich eingebaute Klimaanlagen konnten dieses Problem lediglich mindern. Um das Überleben der dreiköpfigen Besatzung und den bis zu sechs Soldaten eines Schützentrupps im Heck auch bei einer Sprengfallen-Explosion zu sichern, waren die in Afghanistan eingesetzten Panzer modifiziert worden: Die Sitze wurden vom Fahrzeugboden entkoppelt und Fußstützen eingebaut. Doch die ergonomischen Verhältnisse in den Fahrzeugen ließen – zumal bei Soldaten mit Schutzwesten, mehreren Handwaffen und Dutzenden Ersatzmagazinen – zu wünschen übrig.

Am 19. Juli 2009 befreite ein deutscher Panzergrenadierzug eine von belgischen Militärausbildern begleitete Einheit der afghanischen Armee aus einem Hinterhalt nahe der Ortschaft Zar-Kharid-i-Sufla bei Kunduz. Der heftige Feuerwechsel endete abrupt, als die QRF den in Bedrängnis geratenen Kameraden mit einem Marder an der Spitze zu Hilfe kam. Dessen Besatzung hatte eine Maschinengewehr- und Panzerfauststellung der Aufständischen in einem Bauernhof mit einigen Salven aus der Bordkanone ausgeschaltet. 20 Millimeter, das Kaliber der Kanone, konnten in Afghanistan den Unterschied zwischen Sieg und Niederlage in einem Gefecht mit den Taliban ausmachen.

Gepanzerte Fahrzeuge vom Typ Dingo 2010 in Afghanistan. Ein solches Fahrzeug wurde beim Karfreitagsgefecht zerstört.
Foto: Imago

Transition statt Exit

2009 gab es einen Machtwechsel in den Vereinigten Staaten. Im Weißen Haus folgte der Demokrat Barack Obama auf den Republikaner George W. Bush. Damit begann auch ein neues Kapitel in der Afghanistan-Politik der westlichen Führungsmacht – mit Auswirkungen auf alle am Hindukusch engagierten Staaten. Weil die Fortschritte des politischen Prozesses und die Ergebnisse der Übergabe der Verantwortung an die Afghanen überschaubar geblieben waren, wollte Obama zu einem Ende des ISAF-Einsatzes kommen. Er kündigte ebenso ein Auslaufen des militärischen Engagements der USA im Irak an, das sich für seinen Vorgänger George W. Bush längst zu einem Vietnam entwickelt hatte. Die neue amerikanische Afghanistan-Strategie sah jedoch keinen sofortigen Rückzug vor, sondern einen mittelfristigen sanften Ausstieg. Für den wurde zunächst sogar ein kurzzeitiger Truppenaufwuchs geplant. Es ging um zusätzliche 30.000 Mann im ersten Halbjahr 2010, um ab 2011 dann nach und nach abzuziehen und die Verantwortung für die Sicherheit im Land auf die afghanischen Behörden zu übertragen.

Anfang 2010 entschieden sich die NATO-Staaten in London ganz im Sinne der amerikanischen Regierung für einen geordneten Rückzug aus Afghanistan. Eine „Dekade der Transformation" wurde verkündet. Um das Wort *Exit* zu vermeiden, wurde der Begriff *Transition* für diese neue Phase gewählt. Kern dieser Neuausrichtung der Afghanistan-Politik sollte die verstärkte Unterstützung der afghanischen Regierung sein, um sie zur Übernahme der vollen Verantwortung im Land zu befähigen. Die USA sicherten in diesem Zusammenhang finanzielle und militärische Hilfe bis 2024 zu, die NATO-Partner zogen mit. Doch zu diesem Zeitpunkt musste Afghanistan bereits als gescheiterter Staat angesehen werden. Die Regierung kontrollierte immer kleinere Teile des Landes, während die Taliban dabei waren, die Oberhand zu gewinnen. Der Westen begann spätestens 2010, Durchhalteparolen zu verbreiten und der Welt vorzugaukeln, dass sich die Lage verbessere. Die Regierungen der NATO-Staaten verschlossen die Augen vor der Realität oder logen sich in die Tasche – oder beides.

Mit einem großen Kraftakt sollten die Voraussetzungen für den allmählichen Rückzug geschaffen werden. Es sollte Zeit gewonnen werden für die Stabilisierung des Landes und einen geordneten Übergang. Der afghanische Präsident Karzai hatte seinen westlichen Partnern zugesagt, bis 2014 die Verantwortung für die Sicherheit übernehmen zu können – und diese ließen sich nur allzu gern Sand in die Augen streuen. Die neue Politik lief darauf hinaus, erst einmal noch mehr in die Ausbildung der afghanischen Armee und Polizei zu investieren und die Aufstandsbekämpfung zu verstärken. Für diese COIN genannte Counterinsurgency-Strategie stand militärisch der amerikanische General Stanley McChrystal, der im Juni 2009 zum ISAF-Kommandeur und zum Kommandeur der amerikanischen Truppen in Afghanistan ernannt wurde – einen Posten, von dem er allerdings nach einem Jahr entbunden wurde, nachdem das US-Magazin Rolling Stone über abschätzige Äußerungen des Generals und seines Stabes über Präsident Obama, Vizepräsident Biden und den amerikanischen Botschafter in Kabul, Karl Eikenberry, publik gemacht hatte. Die Entlassung McChrystals hatte aber keinen Einfluss auf die neue Strategie; sie wurde von seinem Nachfolger General David Petraeus fortgesetzt.

Die neue Linie war so neu nicht, wie Obama und die NATO sie der Öffentlichkeit verkauften. Sie wurde bereits seit 2003 im Süden des Landes von den Amerikanern praktiziert – mit mäßigem Erfolg. Nun sollte sie im gesamten Land ausgerollt werden. Sie sah neben der deutlichen Aufstockung der Zahl der Truppen auch einen verbesserten integrierten Ansatz vor, der neben militärischen auch diplomatische, politische und entwicklungspolitische Aspekte umfasste. Durch Bereitstellung besserer Leistungen sollte die Bevölkerung für den Westen gewonnen und von den Aufständischen getrennt werden. Grundlage war die Annahme, dass 70 bis 80 Prozent der Talibankämpfer nur Mitläufer seien, deren wirtschaftliche Existenz daran hing, dass sie den Talibanführern folgten und für sie Sprengfallen verlegten, den Nachschub organisierten oder Mohnfelder bewachten, aus deren Ertrag sich ihre Bosse finanzierten. McChrystal wollte diesen Männern ein Angebot machen, sie in die Gesellschaft zurückholen, wenn sie der Gewalt abschwörten und ihren Lebensunterhalt redlich verdienen wollten. Auf der operativen militärischen Seite sollten durch eine Truppenaufstockung und ein robustes Vorgehen die überzeugten Taliban soweit es ging ausgeschaltet werden.

Mit dem Schwerpunkt Aufstandsbekämpfung wuchs die ISAF-Truppe im Sommer 2009 auf 64.500 Mann, bis August 2010 gar auf 140.000 Mann an. Die afghanische Armee sollte zudem bis 2014 auf 240.000 Mann und die afghanische Polizei auf 160.000 Mann vergrößert werden. Damit wollte man aus der Defensive herauskommen und endlich wieder das Heft des Handelns übernehmen. In einem Land von der doppelten Größe Deutschlands war das selbst mit dem aufgestockten Truppenumfang ein ambitioniertes Ziel. Das erkannten auch die militärisch Verantwortlichen. Am 25. September 2009 schrieb General McChrystal in einem Lagebericht für das Weiße Haus, dass konventionelle Strategien in Afghanistan nicht funktionierten. Er bemängelte unter anderem, dass die Anzahl der Kräfte für die Aufgabe nicht ausreiche und dass Kollateralschäden dazu führten, dass sich die Bevölkerung von den Alliierten abwendete. Die Militärs wussten also von Anfang an, dass Obamas neue Linie nicht funktionieren würde. Die Politik saß einem Selbstbetrug auf und wollte partout die Realitäten in Afghanistan nicht sehen.

Ab Anfang März 2010 wurde die COIN-Strategie auch im deutschen Verantwortungsbereich umgesetzt. Das COIN-Konzept bestand auf operativ-taktischer Ebene aus vier Stufen: Shape (Einsatzvorbereitung), Clear (Befreiung eines Raums von Aufständischen), Hold (Aufbau, Ausbildung und Einsatz einheimischer Sicherheitskräfte) und Build (staatlicher und wirtschaftlicher Aufbau). Das Konzept bedeutete zwangsläufig ein intensiveres militärisches Engagement auch Deutschlands und war in der öffentlichen Debatte umstritten. Wieviel militärische Hardpower bräuchte es konkret im deutschen Verantwortungsbereich, um diese Strategie umzusetzen? Diese Frage blieb unbeantwortet.

Schon im Juli 2009 ging die Bundeswehr vor dem Hintergrund der afghanischen Präsidentschaftswahlen am 20. August 2009 im Rahmen der Operation Oqab (Adler) in der Provinz Kunduz in einen Einsatz, bei dem die Schützenpanzer Marder mit ihren 20-Millimeter-Kanonen sowie Mörser eine wichtige Rolle spielten. In den Monaten zuvor hatte es immer wieder schwere Gefechte zwischen Taliban-Freischärlern und ISAF-Truppen und Soldaten der afghanischen Armee gegeben. Die Sicherheit in und um Kunduz sollte wiederhergestellt werden, nicht zuletzt, um der Bevölkerung einen gefahrlosen Wahlgang zu ermöglichen.

300 Bundeswehrsoldaten, unterstützt von Belgiern und Amerikanern, rückten zusammen mit 900 afghanischen Kräften gegen die Aufständischen vor. Erstmals gaben die Deutschen einer amerikanischen Kampfdrohne einen Feuerbefehl. Nach fünf Tagen Kampf befand sich die Stadt Kunduz wieder in der Hand der afghanischen Armee und der deutschen Truppen, doch der Erfolg war nicht von Dauer. Denn kurz darauf wurde gemeldet, dass etwa 300 Talibankämpfer die Gegend im benachbarten Distrikt Chahar Darreh südwestlich von Kunduz, „dem wohl gefährlichsten Nest der Region"[81], erneut unter ihre Kontrolle bekommen hatten. Der Kampf der ISAF-Einheiten und der afghanischen Armee glich dem Ringen mit einer Hydra – schlug man einen Kopf ab, wuchsen etliche andere nach. Der nie versiegende Nachschub der Taliban kam aus dem Süden Afghanistans und aus Pakistan. Immerhin lief die Präsidentschaftswahl in der Region einigermaßen geordnet ab. Präsident Karzai wurde im Amt bestätigt, allerdings war von massivem Wahlbetrug die Rede.

In Deutschland führte die Operation Oqab zu einer Diskussion, bei der es wieder einmal um die Realitätsnähe der deutschen Einsatzregeln ging: Der FDP-Bundestagsabgeordnete Rainer Stinner kritisierte die Taschenkarten der

---

[81] Hartmann (2021), S. 72.

deutschen Soldaten. Demnach sollte ein deutscher Soldat vor Abgabe des ersten Schusses mit einer Handfeuerwaffe stets einen Warnruf abgeben – während die Marder und Mörser ohne Vorwarnung feuerten. Bundesverteidigungsminister Franz Josef Jung (CDU) kündigte daraufhin an, die Taschenkarten überarbeiten zu lassen.

Gegen Jahresende 2009 startete die Bundeswehr einen weiteren Befreiungsschlag, um den Distrikt Chahar Darreh unter Kontrolle zu bringen, wo insbesondere das Dorf Isa Khel als eine Taliban-Hochburg galt. Isa Khel sollte später im Karfreitagsgefecht noch traurige Berühmtheit erlangen. Obwohl das Dorf nur fünf Kilometer vom deutschen Feldlager entfernt lag, hatte kein deutscher Soldat je einen Fuß in den Ort gesetzt. Bei der deutschen Offensive Ende 2009 konnten zwei wichtige Hügel, die Höhen 431 und 432, eingenommen werden, die einen Riegel zwischen dem Feldlager und der Unruheprovinz bildeten. Diese Lehmhügel sollten nun permanent besetzt gehalten werden. Für die Soldaten bedeutete dies ein Leben in Gräben. 2009 geht auch deshalb in die Geschichte ein, weil am 29. April bei einem Überfall mit Panzerfaust und Handfeuerwaffen auf einen Konvoi nordwestlich von Kunduz der 21 Jahre alte Hauptgefreite Sergej Motz tödlich getroffen und vier weitere deutsche Soldaten verwundet wurden. Es war das erste Mal seit dem Zweiten Weltkrieg, dass ein deutscher Soldat in einem Feuerkampf getötet wurde.

Man wollte der Bevölkerung zeigen, dass man durchsetzungsstark war, auch wenn es der Bundeswehr – anders als den Amerikanern – nie darum ging, möglichst viele Taliban gefangen zu nehmen oder gar zu töten. Die Aufständischen sollten nach den deutschen *Rules of Engagement* nur zurückgedrängt werden. Die Bundeswehrführung hatte begonnen, die Stärke des deutschen Kontingents zu erhöhen, nachdem der Bundestag die Obergrenze von 3.500 auf 4.500 heraufgesetzt hatte. Der Druck auf den Gegner wurde auch durch amerikanische Drohnen erhöht, und die neue Taschenkarte der Bundeswehrsoldaten erlaubte nun auch ein Agieren gegen die Aufständischen, das der Realität auf dem Gefechtsfeld näher kam. Auf einer DIN-A4-Seite hatte die Bundeswehr ihre Interpretation der ISAF-Einsatzregeln zusammengefasst. Offensichtlich erkannte man in Berlin endlich, was die Stunde geschlagen hatte.

Auch die Einführung einer Gefechtsmedaille und die Errichtung eines Ehrenmals für die gefallenen Bundeswehrsoldaten trug der Situation Rechnung. In der Militärgeschichte ist die Einführung einer „Einsatzmedaille Gefecht" – am 9. November 2010 durch Verteidigungsminister zu Guttenberg gestiftet – ein Unikum. Sie sollte Soldaten verliehen werden, die mindestens einmal an einem Gefecht teilgenommen hatten. Dies zeigt, welch unerhörte Ausnahme im Grunde genommen das Gefecht für die Friedensarmee Bundeswehr war.

In früheren Zeiten galt die Teilnahme an Kampfhandlungen für einen Solda-ten schlicht als normal.[82] Die neue Realität des Krieges kam in den Jahren 2009 und 2010 im Bewusstsein der Truppe und wenigstens in Teilen der Po-litik endlich an, auch wenn nur ein Bruchteil der in Afghanistan eingesetzten Soldaten jemals ein Gefecht erlebte. Der amerikanische Botschafter in Berlin, Philip Murphy, bescheinigte nach einem Truppenbesuch in Afghanistan, die deutschen Soldaten seien zunehmend „offensive minded"[83].

Im September ereignete sich ein Vorfall, der sich mehr als alles andere 2009 als ein Wendejahr des deutschen Afghanistan-Einsatzes ins kollektive Ge-dächtnis einbrannte. Er ging als Kunduz-Affäre in die Geschichte der Bun-deswehr ein und war der blutigste deutsche Militäreinsatz seit 1945. Das Ver-hältnis zwischen Deutschen und Afghanen sollte er nachhaltig beeinträchti-gen.

Am 3. September hatten in einer schon seit Wochen angespannten Lage Ta-liban-Terroristen zwei zivile Tanklaster etwa sieben Kilometer Luftlinie vom Bundeswehr-Camp Kunduz entfernt gekapert. Der eine war mit Benzin, der andere mit Diesel beladen. Ihr ursprüngliches Ziel war Shir Khan an der tad-schikischen Grenze. Die entführten Fahrzeuge blieben auf der Sandbank ei-ner Furt im Bett des Kunduz-Flusses stecken. Einer der Fahrer wurde ermor-det. Anwohner aus den umliegenden Dörfern eilten herbei und begannen, aus den havarierten Tankwagen Benzin abzuzapfen. Die Szenerie wurde von der Besatzung eines zufällig in der Region fliegenden amerikanischen B1-Bom-bers beobachtet. Ein afghanischer Informant vor Ort gab an die Deutschen durch, er könne eine größere Zahl von Taliban erkennen. Der Kommandeur im PRT Kunduz, Oberst Georg Klein, befürchtete, dass die Tankwagen als rollende Bomben gegen das Feldlager eingesetzt werden könnten. Das war in der Tat eine reale Gefahr. Erst wenige Tage zuvor, am 25. August 2009, waren beim sogenannten *Kandahar Bombing* mit einem gekaperten Tanklastwagen 47 Menschen getötet und 70 verwundet worden. In seiner Lageeinschätzung musste Oberst Klein von einem vergleichbaren Attentat auch in Kunduz aus-gehen.

Ganz frisch waren bei der Bundeswehr in Kunduz zudem die Eindrücke von einem Feuergefecht, in das deutsche Soldaten am Tag zuvor mit Taliban ver-wickelt worden waren. Vier Bundeswehrangehörige wurden dabei verletzt, ein Fahrzeug wurde zerstört. Als sich die Tankwagenentführung ereignete, war eine Infanteriekompanie der Quick Reaction Force der Bundeswehr in schwere Gefechte mit Aufständischen im Rahmen der NATO-Operation Aragon verwickelt. Auch Marder-Schützenpanzer standen in Kunduz nicht

---

[82] Vgl. Neitzel (2020), S. 541.
[83] Zit nach ebda., S. 525.

zur Verfügung, weil sie zu der Zeit weit entfernt gegen Taliban-Kämpfer eingesetzt wurden. Und schwere Artillerie gab es im Norden Afghanistans im Jahr 2009 überhaupt noch nicht; die Panzerhaubitze 2000 wurde erst im Mai 2010 dorthin verlegt. Zwei Infanterieeinheiten des PRT Kunduz waren durch Routineaufgaben gebunden. Die Funkaufklärung der Bundeswehr und des Bundesnachrichtendienstes hatte herausgefunden, dass sich die Talibankommandeure Mullah Siah, Mullah Masruddin, Mullah Abdul Rahman und Maulawi Naim bei den Tankwagen befanden.

Oberst Klein sah angesichts der möglichen Gefahr für das Feldlager und fehlender eigener Kräfte keine andere Möglichkeit, als Luftunterstützung anzufordern, die nur durch die Amerikaner geleistet werden konnte. US-Kampfjets vom Typ F-15 überflogen daraufhin den Ort des Geschehens, prüften die Situation und warfen schließlich auf Kleins Befehl hin zwei lasergelenkte 500-Pfund-Präzisionsbomben vom Typ GBU-38 ab. Die Explosionen am Boden waren gewaltig. Wieviele Menschen bei diesem Angriff ums Leben kamen, wird wohl nie zu ermitteln sein. Die Schätzungen belaufen sich von zwölf oder 13 bis zu 142 Opfern. Die meisten Opfer dürften nichts mit den Taliban zu tun gehabt haben. Es war wahrscheinlich die bis dahin größte Zahl von Toten bei einem Einsatz sowohl in der Geschichte der Bundeswehr als auch der ISAF. Die Lage blieb auch nach dem Bombardement unsicher. Ein Bundeswehrkommando, das am nächsten Tag den Ort des Geschehens in Augenschein nehmen wollte, geriet unter Beschuss. ISAF-Kommandeur General McChrystal traf noch am selben Tag ein und verschaffte sich an Ort und Stelle einen Eindruck.

Die Schockwellen des Vorfalls erreichten rasch das politische Berlin – mit nachhaltigen Folgen. Als deutlich wurde, dass der vormalige Verteidigungsminister Jung Parlament und Öffentlichkeit verspätet und unvollständig über die Tötung der Zivilisten informiert hatte, trat der CDU-Politiker nach nur 33 Tagen von seinem neuen Amt als Arbeitsminister zurück. Er hatte gesagt, dass er es nicht für wahrscheinlich halte, dass Unbeteiligte getötet oder verletzt worden seien. Jungs Nachfolger Karl-Theodor zu Guttenberg bezeichnete den Militärschlag vor dem Gesamtbedrohungshintergrund als „militärisch angemessen". Er entband im November 2009 Generalinspekteur Wolfgang Schneiderhan und Staatssekretär Peter Wichert von ihren Aufgaben. Sie sollten Informationen bei den Ermittlungen zu dem Luftangriff zurückgehalten haben, was beide bestritten. Der Bundestag richtete einen Untersuchungsausschuss ein. Die Illusion, dass es sich in Afghanistan um eine Friedensmission handelte, hatte sich im September 2009 ein für allemal zerstoben.

Das Bonner Landgericht, der Bundesgerichtshof und das Bundesverfassungsgericht urteilten später, dass den afghanischen Opferfamilien keine Entschädigung zustehe. Oberst Klein, so das Bundesverfassungsgericht, habe alle ihm zur Verfügung stehenden Informationen ausgewertet und abgewogen, bevor er den Angriff befahl. Der Europäische Gerichtshof für Menschenrechte in Straßburg bestätigte diesen Richterspruch; er sah keine Verstöße gegen die Europäische Menschenrechtskonvention. Klein wurde von allen Vorwürfen freigesprochen. 2013 wurde er zum Brigadegeneral befördert. Die Bundeswehr zahlte auf freiwilliger Basis und ohne Schuldeingeständnis gut 600.000 Dollar an die Hinterbliebenen der Bombardierung, insgesamt 90 Familien.

Der Druck, der inzwischen auf der Bundeswehr lastete, war immens. Da waren einerseits die Wunschvorstellungen der Politik in Deutschland, da war die von nun an dauerhafte Ablehnung der deutschen Öffentlichkeit (die Zustimmung zu dem Einsatz war im Juli 2009 auf 27 Prozent gesunken, 69 Prozent der Befragten forderten einen Abzug)[84], da war zunehmende kritische Berichterstattung der Medien, und da war nicht zuletzt die reale Gefahr vor Ort.

Sanitätsfahrzeuge durften aus Sicherheitsgründen seit Juli 2009 nicht mehr mit dem Roten Kreuz herumfahren, da die Taliban gezielt gerade solche gekennzeichneten Fahrzeuge angriffen. Die internationalen Hilfsorganisationen verließen das Stadtgebiet von Kunduz nicht mehr, weil die Lage auf dem Land zu unsicher war. Helfer konnten Kunduz nur noch auf dem Luftweg erreichen. Der mächtige afghanische Gouverneur der Provinz Kunduz, Mohammed Omar, pflegte Beziehungen zum organisierten Verbrechen und fiel als verlässlicher Partner der Deutschen aus. Brigadegeneral Jörg Vollmer, Kommandeur der Bundeswehr in Afghanistan in jenen Tagen, prangerte im September 2009 in einem 155 Punkte umfassenden „Erfahrungsbericht Afghanistan" zahlreiche Mängel in Ausrüstung und Aufstellung der Truppe an, vor allem ungeeignete Hubschrauber, unzureichende Anzahl gepanzerter Fahrzeuge und fehlende Mannstärke. Der General kam zu dem Schluss, dass „die sofortige und raumgreifende Lageverbesserung in der gesamten Provinz Kunduz nicht zu erreichen" sei.[85]

Die rund 1.000 in Kunduz stationierten Bundeswehrsoldaten sahen Silvester 2009 einem problematischen neuen Jahr entgegen, zumal auch die Wünsche des neuen örtlichen Kommandeurs Oberst Kai Rohrschneider nach Hubschraubern, weitreichender Artillerie und Pionierfähigkeiten unerfüllt blieben. Immerhin wurde im Januar 2010 eine weitere Infanteriekompanie mit fünf Schützenpanzern Marder und 18 Transportfahrzeugen Dingo nach Kunduz verlegt. Unmittelbar nach deren Eintreffen starteten 470 deutsche und 120 afghanische Soldaten die Operation Gala-e Gorg, um einmal mehr im Distrikt

---

[84] Florens Mayer: Der Einsatz der Bundeswehr im Ausland, S. 62, https://www.hss.de/download/publications/PS_460_SPORT_08.pdf
[85] „General kritisiert schlechte Afghanistan-Ausrüstung", in: Die Welt 19.9.2009.

Chahar Darreh die Bewegungsfreiheit der internationalen Truppen herzustellen. Es handelte sich um die Offensive mit der größten Beteiligung deutscher Kräfte. Ein Bundeswehrsoldat wurde dabei in einem Hinterhalt der Taliban schwer verletzt.

In Deutschland erregte die Ratsvorsitzende der Evangelischen Kirche in Deutschland, Landesbischöfin Margot Käßmann, mit einer Predigt während des Neujahrsgottesdienstes am 1. Januar 2010 in der Frauenkirche Dresden Aufsehen. Käßmann sagte: „Nichts ist gut in Afghanistan."[86] Man habe sich lange darüber hinweggetäuscht, „dass Soldaten nun einmal Waffen benutzen und eben auch Zivilisten getötet werden. (...) Waffen schaffen offensichtlich auch keinen Frieden in Afghanistan. Wir brauchen mehr Fantasie für den Frieden, für ganz andere Formen, Konflikte zu bewältigen. Das kann manchmal mehr bewirken als alles abgeklärte Einstimmen in den vermeintlich so pragmatischen Ruf zu den Waffen", so Käßmann.[87] Die Theologin löste damit neben Zustimmung – unter anderem bei Bundespräsident Horst Köhler – auch scharfen Widerspruch bei Union und SPD sowie dem Bundeswehrverband aus. Dessen Vorsitzender Ulrich Kirsch befand, die Worte der Bischöfin würden „nur neue Frustrationen" bei den Soldaten verursachen. Der SPD-Außenpolitiker Hans-Ulrich Klose bezeichnete die Predigt als „problematisch", weil sich Käßmann nicht als Privatperson, sondern als EKD-Ratsvorsitzende geäußert habe. „Sie hat sich mit ihrer Äußerung in Gegensatz zur Mehrheit des Bundestags gesetzt", so Klose, und sie vertrete „die Position der Linkspartei". Klose weiter: „Wenn die internationale Gemeinschaft in Afghanistan scheitert, würde das mit Sicherheit zu einer neuen Welle terroristischer Anschläge führen."[88] Käßmann aber blieb bei ihrer Position. Mehr als elf Jahre später, im August 2021, stellte sie fest: „Von außen, mit einer Militärintervention, ein Land in die Demokratie zu transponieren, das funktioniert offensichtlich nicht."[89]

Im März 2010 traf das 22. deutsche ISAF-Kontingent in Afghanistan ein: 5.267 Soldaten, 94 Prozent Männer. Es sollte mit mehr als 120 Feindkontakten und einschneidenden Erfahrungen von Tod, Gewalt und Verwundung das am schwersten belastete Kontingent in der Geschichte des deutschen Afghanistan-Einsatzes werden. Kein deutsches Kontingent sollte am Ende mehr gefallene Soldaten verzeichnen: sieben an der Zahl. Dazu kamen 28

---

[86] https://www.ekd.de/100101_kaessmann_neujahrspredigt.htm
[87] Ebda.
[88] https://www.evangelisch.de/inhalte/97735/03-01-2010/kaessmann-weist-kritik-neujahrspredigt-zurueck
[89] https://www.ndr.de/kultur/Nichts-ist-gut-in-Afghanistan-gilt-heute-noch-viel-mehr,afghanistan1232.html

Verwundete. 36 Soldaten mussten den Einsatz aufgrund psychiatrischer Diagnosen vorzeitig beenden.[90]

Die Kontingente für den Afghanistan-Einsatz wurden anfangs aus bis zu 400 Einheiten in ganz Deutschland zusammengestellt. Sie wechselten alle vier bis sechs Monate. Später ging die Bundeswehr dazu über, einen Leitverband zu benennen, aus dem heraus das Gros der Soldaten eines Kontingents stammte. Lücken wurden mit Angehörigen anderer Verbände und Reservisten aufgefüllt. Beim 22. Kontingent war die Luftlandebrigade 31 „Oldenburg" der Leitverband. In diesem Kontingent waren Soldaten aus mehr als hundert Dienststellen vertreten[91], die erst in Afghanistan unter ihrem Kommandeur Brigadegeneral Frank Leidenberger zu einer Gemeinschaft zusammenfinden mussten – in diesem Fall zu einer Schicksalsgemeinschaft. Das gelang. Leidenberger stand mit dem 22. Kontingent ISAF ein erfahrener und gut ausgebildeter Verband mit handlungssicheren Soldaten zur Verfügung.

Ihr Einsatz begann am 27. März 2010 und endete am 15. Juli 2010. Es ist das Kontingent, das nicht nur die größten Verluste zu verzeichnen hatte, sondern das rein zufällig auch außerordentlich intensiv wissenschaftlich begleitet wurde. Denn das Zentrum für Militärgeschichte und Sozialwissenschaften der Bundeswehr in Potsdam (ZMSBw) begleitete dieses Kontingent in einer sozialwissenschaftlichen Langzeitstudie, um die Folgen eines solchen Einsatzes zu erforschen. Herausgekommen ist eine in ihrer Art einmalige Studie, die 2020 veröffentlicht wurde.[92] Die Wissenschaftler hatten die Soldaten des Kontingents mit unterschiedlichen Methoden befragt: wenige Wochen vor dem Einsatz, während des Einsatzes, wenige Wochen nach der Rückkehr und dann nochmals knapp drei Jahre später. Die methodischen Ansätze waren Feldforschungen in Afghanistan, Interviews, Gruppendiskussionen und teilnehmende Beobachtungen.

In der Studie heißt es: „Die Angehörigen des 22. Kontingents ISAF blicken am Ende des Einsatzes auf schwerwiegende Erlebnisse mit direkter und indirekter Gewalt zurück. Die Erfahrungen mit Beschuss und Gefechten, Tod und Verwundung prägen den Horizont dieses Kontingents. (...) Viele (Einsatz-)Soldaten und Veteranen des 22. Kontingents ISAF zählen zu den besonders Einsatzerfahrenen der Bundeswehr. Dennoch verfügten die wenigsten von ihnen vor dem Einsatz 2010 in Afghanistan über Kampferfahrungen."[93] 53 Prozent des Kontingents berichteten, mit direkter oder indirekter

---

[90] Anja Seiffert/Julius Heß: Leben nach Afghanistan. Die Soldaten und Veteranen der Generation Einsatz der Bundeswehr, Potsdam 2020, S. 64.
[91] Vgl. Hartmann (2021), S. 79.
[92] Seiffert/Heß (2020), a.a.O.
[93] Ebda., S. 15.

Gewalt konfrontiert worden zu sein, 50 Prozent mit Verwundung, 44 Prozent mit dem Tod. 28 Prozent hatten direkt gegen Aufständische gekämpft. Davon waren 50 Prozent Mannschaften, aber nur zehn Prozent Stabsoffiziere.[94]

Was die Erfahrungen in Afghanistan mit den Beteiligten machte, zeigte die Befragung drei Jahre später: „Gefechtserfahrene Befragte berichten signifikant häufiger von bleibenden psychischen oder physischen Verletzungen (...). Gleichzeitig fühlen sie sich häufiger durch familiäre Probleme belastet (...)."[95] Bemerkenswert waren die Ergebnisse der Studie in dreierlei Hinsicht: Zum einen kamen die Sozialwissenschaftler zu dem Schluss, dass die Mehrzahl der Soldaten ihren Einsatz am Hindukusch als persönlichen Reifungsprozess erlebt haben. 78 Prozent der Befragten gaben an, dass sie die außergewöhnliche Einsatzerfahrung – auch die einschneidenden Gewalterfahrungen – selbstbewusster gemacht habe. Zwei Drittel wüssten das Leben nun mehr zu schätzen und lebten bewusster. Und die Hälfte der Befragten war der Ansicht, dass sie nach dem Einsatz im Alltag und auch in besonderen Lebenssituationen belastbarer seien als vorher.[96]

Generell ist festzustellen, dass während des Afghanistan-Einsatzes ein bis drei Prozent der Soldaten an einem Posttraumatischen Belastungssyndrom (PTBS) erkrankten. Neben dieser häufigsten Folge des Auslandseinsatzes registrierte die Bundeswehr als zweithäufigste Krankheitsfolge eine akute Belastungsstörung, gefolgt von Depressionen, Anpassungs- und Angststörungen. Von 130 an PTBS leidenden ehemaligen Einsatzsoldaten im Jahr 2007 stieg diese Zahl in den Folgejahren stetig an: 226 (2008), 418 (2009), 1450 (2017), wobei in dieser Zahl Neuerkrankte mit bereits Erkrankten zusammengefasst sind. Zusammen mit den PTBS-Fällen aus anderen Einsätzen ergab sich 2017 eine Gesamtzahl von 1.903 Fällen.[97]

Die Soldaten des 22. Kontingents waren mit einem hochkomplexen Einsatzumfeld konfrontiert. Gefechte, Stabilisierungs- und Ausbildungsaufgaben wechselten einander ab. Die Konfliktkonstellationen waren variabel, das jeweilige Gewaltniveau unterschiedlich. Verlangt waren abgestuftes Handeln, eine präzise Lageeinschätzung und ständige Wachsamkeit.

Im März 2010 begannen die Taliban wie erwartet eine Frühjahrs-Großoffensive. In der Provinz Baghlan eroberten sie einige Distrikte. ISAF und afghanische Armee reagierten mit einer Gegenoffensive, die als Operation Taohid (Einigkeit) bekannt wurde und sich in drei Phasen bis Mai 2010 hinzog. Daran

---

[94] Vgl. ebda., S. 15.
[95] Ebda., S. 19.
[96] Vgl. Uzulis, Andre: „Alarmierender Befund", in: loyal 9/2020.
[97] Hartmann, Christian: Warum Afghanistan? Einleitung zu Götz, Markus „Hier ist Krieg!", a.a.O.. Fußnote 388, S. 107.

waren auch Bundeswehrsoldaten beteiligt. Die Operation war ein Erfolg. Die Taliban konnten aus dem Distrikt Baghlan-e Jadid verdrängt und der Einfluss der Alliierten in der strategisch wichtigen Provinz Baghlan konnte ausgeweitet werden. Die Haupthandelsstraßen nach Kabul und nach Usbekistan wurden wieder passierbar. Es blieb jedoch zweifelhaft, ob es der Bundeswehr gelingen würde, auf Dauer ihr eigenes Feldlager zu schützen, den Flughafen Kunduz zu sichern, die großen Verbindungsstraßen offen- und auch noch die Umgebung von Taliban freizuhalten. Für all diese Aufgaben waren die deutschen Truppen trotz der Verstärkung weder personell und materiell ausreichend ausgestattet.

Kurz nach Ankunft des 22. Kontingents wurden die Bundeswehrangehörigen in der Nähe von Kunduz in das schlimmste Gefecht verwickelt, an dem deutsche Soldaten seit 1945 beteiligt waren.[98] Die Absicht der militärischen Führung des PRT Kunduz unter Leitung ihres neuen Kommandeurs Oberst Reinhardt Zudrop war es, den eigenen Operationsraum Richtung Süden im Distrikt Chahar Darreh auszuweiten. Seit dem 31. März 2010 operierte die 1. Infanteriekompanie aus dem Außenlager im Polizeihauptquartier in Chahar Darreh heraus, etwa neun Kilometer von Kunduz entfernt. Die Kompanie gehörte zum Fallschirmjägerbataillon 373 im niedersächsischen Seedorf und bestand aus drei Zügen: Foxtrott, Golf und Hotel. Zwei Wochen zuvor hatte sie bereits ihre Feuertaufe bei einem Gefecht mit den Taliban in der Nähe von Isa Khel. Am 2. April bekam der aus rund 30 Soldaten bestehende Golf-Zug den Auftrag, entlang der Straße vom Polizeihauptquartier nach Isa Khel Sprengfallen aufzuklären. Dabei wurde er von belgischen Kampfmittelbeseitigungsspezialisten unterstützt. Ziel war es, sich endlich ungehindert mit Fahrzeugen in der Nähe des Dorfs bewegen zu können. Wenige Tage zuvor war es einem Dutzend Soldaten erfolgreich gelungen, erstmals in die Ortschaft einzudringen und die Lage dort aufzuklären. Es war Karfreitag, in Deutschland stimmten sich die Menschen auf die Osterfeierlichkeiten ein.

Die Soldaten setzten eine Drohne ein, die aber vom Wind abgetrieben wurde und abstürzte. Ein abgesessener Spähtrupp, bestehend aus vier Soldaten, suchte in einem Weizenfeld nach ihr, während Kameraden eine Sprengfalle am Straßenrand entdeckten und mit ihrer Entschärfung begannen. Gegen 13 Uhr an jenem Karfreitag eröffneten plötzlich etwa 80 Aufständische aus einem gut vorbereiteten Hinterhalt das Feuer – zunächst auf den deutschen Spähtrupp, kurz darauf auch auf die Soldaten auf der Höhe 432. Die ganze Kompanie stand plötzlich im Kampf, den exponierten Golf-Zug traf es am

---

[98] Vgl. für die folgenden Ausführungen: Helmecke, Chris: Gefallen und verwundet im Kampf. Deutsche Soldaten im Karfreitagsgefecht 2010, in Militärgeschichte. Zeitschrift für historische Bildung 2/2018 (Sonderdruck).

härtesten. Die Taliban hatten sich in getarnten Stellungen und in Wohnhäusern versteckt und nutzten geschickt Bewässerungskanäle für den raschen Stellungswechsel. Sie schossen, verschwanden wieder, tauchten an anderer Stelle wieder auf, schossen erneut. Die Feuerentfernung zwischen den Gegnern betrug manchmal nur 20 Meter. Die Bundeswehrsoldaten nahmen den Feuerkampf unverzüglich auf und wehrten sich gegen den Überfall. Dabei kämpften sie mit außerordentlicher Tapferkeit und zeigten ihr ganzes soldatisches Können in einer für sie in jeder Hinsicht nachteiligen Lage.

Der Spähtrupp auf freiem Feld ohne Deckung sah sich nach kürzester Zeit von massivem feindlichen Feuer eingeschlossen. Der Spähtruppführer erhielt drei Treffer in den Beinen und wurde von zweien seiner Kameraden versorgt, während sich der vierte, ein Stabsgefreiter, mehrere hundert Meter zurückkämpfte und die Lage und den Standort der Gruppe an den Zugführer meldete. Aufgrund des massiven Feindfeuers kam jedoch die Verstärkung nicht an den verwundeten Spähtruppführer und seine Kameraden heran. Erst eine Stunde später konnten die Soldaten entsetzt werden. Bis dahin waren drei Deutsche verwundet worden, zwei davon schwer.

Inzwischen hatte die Bundeswehr die Eingreifreserve Immediate Reaction Force (IRF) im Feldlager Kunduz alarmiert, außerdem rasten US-Kampfflugzeuge als *Show of Force* im Tiefflug über den Ort hinweg. Der Hotel- und der Foxtrott-Zug der Kompanie eilten den Kameraden des Golf-Zugs zu Hilfe. Sie konnten die Verwundeten zu einer Landezone bringen, wo sie von amerikanischen Black-Hawk-Hubschraubern in einer dramatischen Rettungsaktion aufgenommen und ausgeflogen wurden. Für einen der Soldaten kam allerdings jede Hilfe zu spät, er erlag wenige Stunden später im Feldlager Kunduz seinen Verwundungen. Der Feuerkampf ging unterdessen weiter, und als einer der eingesetzten Radpanzer vom Typ Dingo auf eine Sprengfalle fuhr, verschlimmerte sich die Lage schlagartig. Fünf Soldaten, die abgesessen das Fahrzeug begleitet hatten, weil die Bordwaffen teilweise ausgefallen waren, wurden schwer, der Fahrer und der Bordschütze leicht verwundet. Ein Kamerad war von der Druckwelle der Detonation über eine Mauer geschleudert worden. Nach ihm musste gesucht werden. Nun versperrten das Fahrzeugwrack und ein Krater den Ausweichweg der restlichen Fahrzeuge des Zugs. Damit der Dingo den Aufständischen nicht in die Hände fallen konnte, wurde er später von Bundeswehrsoldaten gesprengt.

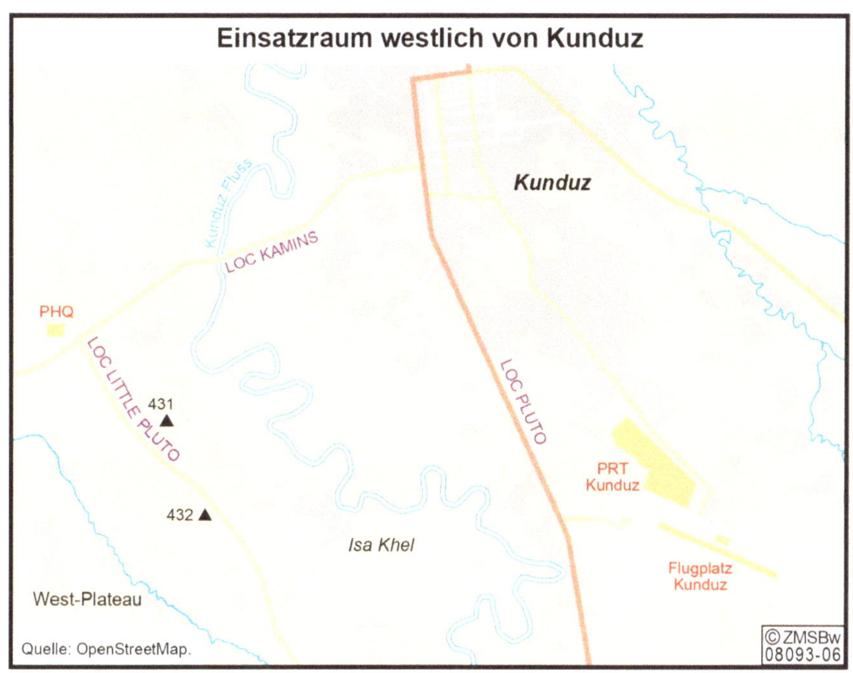

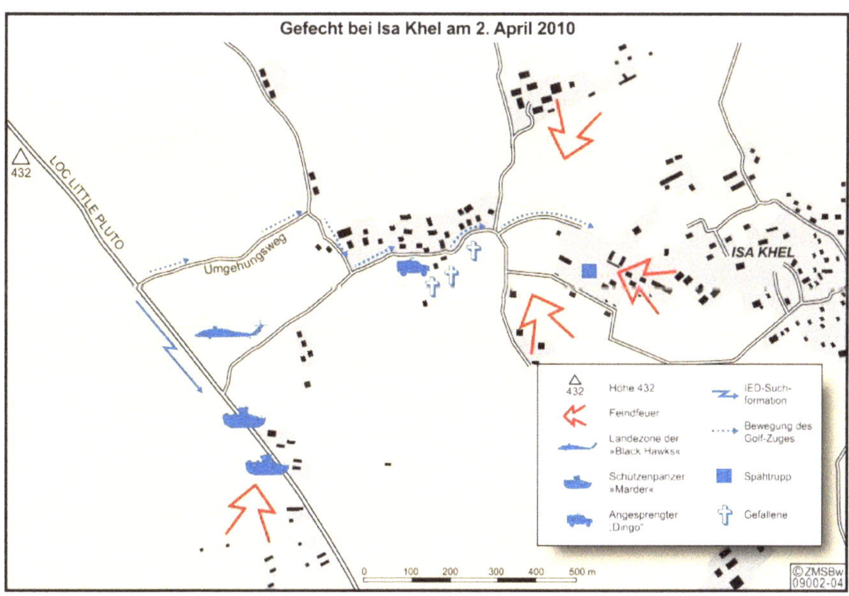

Die Karten zeigen den Raum westlich und südlich von Kunduz, wo sich das Karfreitagsgefecht abgespielt hat.

Nach einer kurzen Gefechtspause setzte erneut heftiges feindliches Feuer ein. Den Aufständischen ging es augenscheinlich um die Vernichtung der in der Falle sitzenden Bundeswehrsoldaten. Das Wrack des Dingos wurde durch ein anderes Fahrzeug beiseitegeschoben, der Krater notdürftig aufgefüllt. Inzwischen war aus dem Hinterhalt ein lang andauerndes Feuergefecht mit immer mehr Soldaten geworden, denn die IRF hatte den Ort des Geschehens erreicht, ebenso eilten zusätzliche Sanitäter herbei, und aus der Luft hielten amerikanische Black Hawks den immer noch in großer Überzahl befindlichen Feind so gut es ging nieder.

Am Nachmittag konnten die Taliban ihren Angriff sogar noch ausweiten und griffen mit rund 40 Kämpfern auch das Polizeihauptquartier an, wo sie sich mit Soldaten der 1. Infanteriekompanie und afghanischen Soldaten Gefechte lieferten. Die weiter südlich kämpfenden Bundeswehrsoldaten wichen unter Feuerschutz der eingesetzten Schützenpanzer Marder auf die Höhe 431 aus. Sowohl das Polizeihauptquartier als auch die beiden Hügel konnten gehalten werden.

Am Abend rückte die allerletzte Reserve des PRT Kunduz aus, die 2. Infanteriekompanie, um die abgekämpften Kameraden der 1. Kompanie abzulösen. Dabei kam es zu einem tragischen Zwischenfall. Ein Zug beschoss zwei entgegenkommende Pick-ups, die die Deutschen fälschlicherweise für rollende Bomben gehalten und die auf Warnzeichen auch nicht reagiert hatten. Es waren Fahrzeuge der afghanischen Armee. Durch diesen unglücklichen Beschuss von Verbündeten kamen sechs afghanische Soldaten ums Leben — auch dies hatte es in der Einsatzgeschichte der Bundeswehr noch nicht gegeben. Nur mit Mühe konnte eine Eskalation verhindert werden. Aber der Vertrauensverlust war gravierend, auch wenn die Deutschen keine Schuld traf. Gemeinsame Operationen mit der afghanischen Nationalarmee wurden danach fürs erste abgesagt.

Die Karfreitagskämpfe endeten erst am späten Abend. Gegen Mitternacht kehrten die letzten Kräfte der 1. Infanteriekompanie ins Feldlager zurück. Die traurige Bilanz dieses längsten Feuerkampfs der Bundeswehr waren drei deutsche Gefallene und sieben Verwundete: Hauptfeldwebel Nils Bruns, Stabsgefreiter Robert Hartert und Hauptgefreiter Martin Augustyniak waren bei den Gefechten getötet worden. Sie wurden in der Nacht zum 3. April aufgebahrt; Kameraden ihrer Kompanie stellten eine Totenwache. Am Ostersonntag, 4. April 2010, nahmen die Soldaten des Feldlagers Kunduz Abschied von den Gefallenen. Am 9. April fand in der St.-Lamberti-Kirche in Selsingen in der Nähe des Heimatstandorts Seedorf die offizielle Trauerfeier statt, zu der auch Verteidigungsminister zu Guttenberg und Bundeskanzlerin Angela Merkel anreisten, um den Gefallenen die letzte Ehre zu erweisen.

Guttenberg nannte die Toten „tapfere Helden", auf die man stolz sein könne.[99] Martin Augustyniak hinterließ seine Ehefrau und einen damals vierjährigen Sohn. Seine Großmutter, die sehr an ihrem Enkel hing, erlitt einen Nervenzusammenbruch, als sie die Nachricht von seinem Tod erhielt. Am 9. September 2011 wurde in Kunduz die Operation „Tür" durchgeführt. Von dem angesprengten und später geborgenen Dingo waren zunächst zwei aus den Angeln gerissene Türen an Ort und Stelle verblieben. Sie wurden gefunden und gesichert. Die Taliban sollten kein Siegessymbol in die Hände bekommen. Die Fahrzeugtüren sind heute Bestandteil des Gedenksteins in der Kaserne des Fallschirmjägerregiments 31 in Seedorf. Eine Tür ist seit 2022 im Militärhistorischen Museum der Bundeswehr in Dresden ausgestellt.

Viele deutsche Operationen in Afghanistan vor und nach dem Karfreitagsgefecht waren risikoreicher und gingen dennoch glimpflicher aus. Es gab bei anderen Operationen Sprengfallen, die nicht detonierten und Geschosse, die die Soldaten nur knapp verfehlten. Oft hatte die Bundeswehr einfach Glück, dass nicht noch mehr passiert ist. Die bestens ausgebildeten und trainierten Seedorfer Fallschirmjäger hatten am Karfreitag 2010 einfach Pech. Das Gefecht an diesem Tag war eine Niederlage, und der Tod der drei Soldaten wiegt bis heute schwer. Das Echo in den Medien war groß, die Kanzlerin ließ sich direkt im Einsatzführungskommando über das Geschehen informieren. Während in Deutschland die Skepsis beim Thema Afghanistan weiter wuchs, war in Kunduz bereits eine Woche nach dem Karfreitagsgefecht die erste Patrouille wieder auf der Straße. Für die Bundeswehr ging der lebensgefährliche Alltag weiter.

Kaum zwei Wochen nach den tragischen Ereignissen des 2. April 2010 wurde am 15. April eine aus afghanischen, deutschen und belgischen Soldaten bestehende Patrouille im Raum Baghlan angegriffen. Die Aufständischen sprengen dabei ein gepanzertes Radfahrzeug vom Typ Eagle IV in die Luft, wobei drei deutsche Soldaten ums Leben kamen: Major Jörn Radloff (38), Hauptfeldwebel Marius Dubnicki (32) und Stabsunteroffizier Josef Kronawitter (24). Fünf weitere Soldaten werden zum Teil schwer verwundet. Nur vier Stunden nach diesem Überfall wurde eine zweite deutsche Marschkolonne nördlich des PRT Pol-e Chomri bei Baghlan mit Hand- und Panzerabwehrwaffen und vermutlich auch mit Mörsern beschossen. Dabei wurde ein Fahrzeug eines beweglichen Arzttrupps getroffen, Oberstabsarzt Dr. Thomas Broer (33) aus dem Bundeswehrkrankenhaus Ulm kam ums Leben. Am 10. Juli 2010 trafen endlich Panzerhaubitzen 2000 in Afghanistan ein. Erstmals konnte die Bundeswehr nun schwere Artillerie im Gefecht einsetzen.

---

[99] Nordmann, Julia Katharina: Das vergessene Gedenken. Die Trauer- und Gedenkkultur der Bundeswehr, Berlin/Boston 2022, S. 1.

Ein deutscher Konvoi fährt im Mai 2015 auf das Gelände des PRT Kunduz.

Foto: Imago

Ein wertvolles Zeugnis der Erfahrungen und Empfindungen eines in jenen Monaten kämpfenden Soldaten ist das Tagebuch des Hauptfeldwebels Markus Götz. Es stellt ebenso wie die erwähnte sozialwissenschaftliche Studie des ZMSBw einen Glücksfall für die Geschichtsschreibung des deutschen Afghanistan-Einsatzes, speziell des Einsatzes des 22. Kontingents ISAF, dar. Ist die ZMSBw-Studie ein Dokument, das die Erfahrungen des Kontingents quantitativ und mit sozialwissenschaftlichen Methoden beschreibt, so stellt das Götz-Tagebuch eine qualitative Quelle von kaum zu überschätzendem Wert dar, zumal es vom ZMSBw als einziges Soldatentagebuch aus Afghanistan auch noch in hervorragender Weise wissenschaftlich editiert wurde.[100] Götz' Heimatverband war das Panzergrenadierbataillon 122 in Oberviechtach in der Oberpfalz. Götz hatte bereits von März bis August 2008 erste Erfahrungen in Afghanistan als Angehöriger des 16. Kontingents ISAF gesammelt, zunächst als Gruppenführer in der Einsatzkompanie Kabul, dann als Ausbilder im 209. Korps der afghanischen Nationalarmee im Camp Shaheen bei Masar-e Scharif sowie im Camp Mike Spann in der Provinz Balkh. Für ihn war dies eine, wie es hieß, eher „entspannte Zeit", eher Abenteuer und Expedition als

---

[100] Markus Götz: Hier ist Krieg. Afghanistan-Tagebuch, hg. von Christian Hartmann im Auftrag des ZMSBw, Göttingen 2021.

Krieg,[101] Kein Vergleich mit dem, was er als Gruppenführer in einer Kampfkompanie 2010 in der Nähe von Kunduz erlebte.

Götz hatte sich schon vor der Verlegung nach Afghanistan entschlossen, ein Tagebuch zu führen. Er hielt praktisch jeden Tag seine Eindrücke schriftlich fest, was dem Leser einen unmittelbaren Eindruck in die Gefühls- und Gedankenwelt eines Soldaten, der im Gefecht steht, vermittelt. Götz' Aufzeichnungen unterscheiden sich durch ihre plastische Unmittelbarkeit von Ernst Jüngers Kriegsbericht „In Stahlgewittern", der erst nach dem Ende des Ersten Weltkriegs verfasst wurde und eine tiefsinnige intellektuelle Verarbeitung des Kriegsgeschehens aus der zeitlichen Distanz darstellt. Nicht so Götz' Tagebuch: Ob es seine fast unmenschlichen Anstrengungen in Todesgefahr beim Karfreitagsgefecht sind oder seine Langeweile zwischen den Gefechten, die Hilflosigkeit gegenüber dem unsichtbaren Feind, der Frust über das tagelange trostlose Essen aus der Einmannpackung: Götz' Bemerkungen sind authentische Zeitzeugenschaft, geschrieben in deutlicher, manchmal auch krasser Sprache.

Unverhohlen bringt er Kritik an Vorgesetzten vor, die der Truppe zu keiner Zeit die Sinnhaftigkeit des Einsatzes erläutern. Eine Absicht der übergeordneten Führung wird nie erwähnt, einen Bezug zum größeren Ganzen ist für Götz nicht erkennbar – weder die Absicht des Kommandeurs und noch nicht einmal der Auftrag seiner eigenen Kompanie. Er bleibt in der winzigen taktisch-operativen Welt seines Zugs und zieht seine Kraft aus der Kameradschaft derjenigen, die mit ihm kämpfen und leiden. Besonders schlecht kommen bei Götz Politikerbesuche in Kunduz weg, die er für nichtssagend und überflüssig hält. So vermittelt dieses Tagebuch anschaulich die Perspektive des Afghanistan-Einsatzes von ganz unten, aus der Staub- und Schlammzone; es ist insofern eine vorzügliche Ergänzung der Struktur- und Ereignisgeschichte, die per se aus der Vogelschau erfolgt.

Die Bundeswehr hat spätestens 2010 in Afghanistan mit größter Wucht das Kämpfen lernen müssen. Welche Leidensfähigkeit deutsche Soldaten im 21. Jahrhundert haben, aber auch wie professionell sie agieren, das wurde jetzt deutlich. Sie waren jederzeit pflichtbewusst und gehorsam. Und noch eines ist wichtig zu betonen: Auf die hinterhältige Kriegführung der Taliban reagierten die deutschen Soldaten stets besonnen. Es kam nie zu überzogener Gewalt oder gar zu Massakern, wie sie aus anderen Kriegen bekannt sind, in denen eine reguläre Armee asymmetrisch gegen einen Gegner kämpft, der sich nicht an Regeln, schon gar nicht an das (Kriegs-)Völkerrecht hält. Eine Verrohung fand in der Bundeswehr nicht statt. Der Historiker Christian

---

[101] Vgl. ebda., S. 106.

Hartmann, Herausgeber des Götz-Tagebuchs, stellte daher zu Recht fest, dass die Bundeswehr in Afghanistan ihre Prüfung bestanden habe.[102]

Der Einsatz selbst blieb hart und verlustreich. Nur mühsam gelang es der Bundeswehr im Laufe des Jahres 2010, die Versorgungsrouten wieder unter ihre Kontrolle zu bringen und die Taliban in ihrer Bewegungsfreiheit einzuschränken. Die Aufständischen sorgten durch Sprengfallen und Feuerüberfälle nach wie vor für Unsicherheit. Am 7. Oktober 2010 wurde eine deutsche Patrouille nahe Pol-e Chomri von einem als Bauern verkleideten Selbstmordattentäter und von zwei weiteren Taliban angegriffen. Oberfeldwebel Florian Pauli (26) starb, drei weitere wurden verwundet. Die Wucht der Detonation war so groß, dass zwei Dingos erheblich beschädigt wurden.

Doch die Bundeswehr ließ in dem Willen, die eigene Bewegungsfreiheit zu sichern und auszudehnen, nicht nach. Vom 31. Oktober bis 4. November 2010 führte sie die Offensivoperation Halmazag (Blitz) aus, bei der Truppen der afghanischen Armee sowie Einheiten der Polizei und Mitarbeiter des Geheimdienstes im Zusammenwirken mit ISAF-Soldaten den Aufbau eines ISAF-Außenpostens nahe der Ortschaft Quatliam im Distrikt Chahar Darreh vorbereiteten. Der Erfolg der Operation war Voraussetzung dafür, dass die Bundeswehr vom folgenden Jahr an in der Lage war, den südlichen Teil von Chahar Darreh unter ihre Kontrolle zu bringen und so den eigenen Radius deutlich auszudehnen. Die Operation Halmazag war die erste, die nach der Auflösung der Quick Reaction Force im August 2010 durchgeführt wurde.

Die Schnelle Eingreiftruppe des Kommandeurs der Nordregion wurde aufgelöst, um – zusammen mit zusätzlichen Truppenteilen aus dem um 500 Mann aufgestockten Mandat – Kapazitäten für den Kurswechsel freizubekommen, den die COIN-Strategie vorsah. Nachfolger der QRF wurden die sogenannten Ausbildungs- und Schutzbataillone (ASB), die Brigaden der afghanischen Armee trainierten. Diese sollten im Verbund mit ISAF-Truppen eine stärkere Präsenz in der Fläche gewährleisten, um offensiv gegen Aufständische vorzugehen und Gebiete zurückzuerobern und diese dauerhaft zu kontrollieren. Die Bezeichnung ASB war typisch deutsch und sollte möglichst harmlos klingen. In Afghanistan selbst bevorzugte die Truppe in Anlehnung an den amerikanischen Sprachgebrauch die Bezeichnung *Task Force Kunduz*.

Vier Tage lang dauerten die Kämpfe der Operation Halmazag, dann war die Region von Taliban befreit – zumindest vorerst. Ende Dezember 2010 zerschlug die Bundeswehr gemeinsam mit Amerikanern, die inzwischen ein eigenes Bataillon im Raum Kunduz stationiert hatten, ein Talibannest nördlich

---

[102] Vgl. Uzulis, André in: „Die Bundeswehr hat in Afghanistan ihre Prüfung bestanden", in: loyal, 3/2023.

von Kunduz, wobei eine deutsche Kompanie erstmals aus der Luft angelandet wurde. Danach wurde es endlich wieder ruhiger im deutschen Verantwortungsbereich. Dass die Bundeswehr stärker bewaffnet als in der Vergangenheit das Lager verließ und robuster und offensiver in der Region auftrat, zahlte sich offensichtlich aus.

Genau das passte in die COIN-Strategie, die also durchaus Erfolge zeitigte: Die durch Chahar Darreh führende Hauptverbindungsstraße konnte geteert, etliche Dörfer konnten an das Stromnetz angeschlossen werden, der Bau einer neuen, zehn Millionen Euro teuren Brücke über den Kunduz-Fluss wurde begonnen und Ende 2011 fertiggestellt; benannt wurde sie nach dem in der Nähe gefallenen Soldaten Mischa Meier. Entwicklungshelfer bewegten sich nach zwei Jahren endlich wieder enigermaßen sicher in der Region. Der Bundeswehr gelang im Raum Kunduz die Ausbildung einer steigenden Zahl afghanischer Sicherheitskräfte, was im Umfeld des PRT ebenfalls zu einer Verbesserung der Sicherheitslage beitrug. Die Übergabe der Sicherheitsverantwortung an die Afghanen, die für die Jahre 2011 bis 2013 in fünf Tranchen geplant war, rückte in den Bereich des Möglichen.

Der Widerstand der Taliban verlagerte sich weiter südlich in den Raum Baghlan, durch den der gesamte Verkehr in Richtung Norden führte. Die Kampfeinsätze der Bundeswehr verschoben sich dorthin. Nicht immer war den Operationen Erfolg beschieden. Einmal gelang es den Taliban sogar, mit einer 200-Kilogramm-Sprengfalle einen Schützenpanzer Marder zu zerstören, wobei ein deutscher Soldat ums Leben kam und fünf schwer verwundet wurden. Von Herbst 2011 an war aber auch dieser Distrikt für afghanische Verhältnisse weitgehend ruhig.

In ihrem Fortschrittsbericht Afghanistan unterrichtete die Bundesregierung den Bundestag am 1. Dezember 2010 über ihre Lageeinschätzung. Die fiel seit langem wieder optimistisch aus: „Die neue ISAF-Strategie, der Aufwuchs an truppenstellenden Nationen und der ISAF-Truppenstärke und die inzwischen Wirkung zeigende Ausbildung einsatzfähiger afghanischer Sicherheitskräfte haben 2009 und 2010 die Voraussetzungen dafür geschaffen, den Abwärtstrend zu stoppen. Die internationale Gemeinschaft verfolgt nun eine gemeinsame Strategie. Wenn jetzt noch der beginnende, (...) international indossierte politische Prozess einer nationalen Versöhnung Realität wird, dann sind alle Voraussetzungen für eine spürbare Trendwende im Jahr 2011 gegeben."[103]

---

[103] Fortschrittsbericht Afghanistan zur Unterrichtung des Deutschen Bundestags, Bundesregierung Dezember 2010, S. 5-6.

In dieser Situation beging Berlin aber einen schweren Fehler: Statt die Gunst der Stunde zu nutzen, um mit einer massiven Truppenpräsenz die von Taliban gesäuberten Gebiete dauerhaft zu befrieden und die Herzen der dort lebenden Menschen zu gewinnen, tat die Bundesregierung das Gegenteil – sie verringerte das deutsche Engagement. Der frühere NATO-General Egon Ramms kritisierte 2023, dass Deutschland seinen Personalaufwuchs just in dem Moment zurücknahm, als er am erfolgverprechendsten war: „In der Zeit hätten wir genügend Soldaten gehabt, um in Afghanistan an die Bevölkerung heranzukommen, die wir verloren hatten."[104] Kein Militär konnte das besser einschätzen als Ramms; er war jahrelang Befehlshaber des Allied Joint Force Command der NATO im niederländischen Brunssum und als solcher Vorgesetzter von insgesamt fünf ISAF-Kommandeuren. Als einer von wenigen Deutschen hatte er den Überblick über den Gesamteinsatz in Afghanistan und sah nicht nur den deutschen Verantwortungsbereich.

Die Übergabe der Sicherheitsverantwortung an die Afghanen nahm konkrete Formen an. Im August 2012 trat die Bundeswehr die Außenstelle des PRT Kunduz, Taloqan, an die afghanischen Sicherheitskräfte ab. Im Oktober 2012 verließ sie das Feldlager in Faizabad, im August 2013 den OP North und im Oktober 2013 den Stützpunkt Kunduz. Dazu reisten Außenminister Guido Westerwelle (FDP) und Verteidigungsminister Thomas de Maizière (CDU) an. Sie überreichten einen symbolischen Holzschlüssel an die afghanische Bereitschaftspolizei und die afghanische Armee – damit war Kunduz im Grunde genommen Geschichte für die Deutschen. Der Ehrenhain für die gefallenen und verstorbenen Soldaten in Kunduz wurde abgebaut und in Deutschland in verkleinerter Form im Wald der Erinnerung auf dem Gelände des Einsatzführungskommandos in Schwielowsee bei Potsdam wiederaufgebaut.

Nur Masar-e Scharif, der größte Stützpunkt, blieb bestehen. Im Hinblick auf diesen Rückbau in Kunduz stellte Ramms fest: „Wir haben uns zu schnell vom Acker gemacht."[105] Die Strukturen der ISAF und damit der Bundeswehr blieben selbstreferenziell, um die afghanischen Verhältnisse ging es nicht.[106] Im Gegenteil, das Jahr 2012 war geprägt von der Frage, wie man so schnell und so sicher wie möglich abziehen könnte.

Die Aufgabe der Feldlager war ein Großprojekt – die größte logistische Operation in der Geschichte der Bundeswehr. Allein der Auszug aus dem Feldlager Faizabad beschäftigte rund hundert Logistiker über drei Monate hinweg. 350 Seecontainer und 112 Fahrzeuge wurden zunächst nach Deutschland

---

[104] „Utopieüberschuss und Wirkungsdefizit", in: loyal 3/2023.
[105] Ebda.
[106] Vgl. Philipp Münch: Die Bundeswehr in Afghanistan. Militärische Handlungslogik in internationalen Interventionen, Freiburg/Berlin/Wien 2015, S. 317.

zurückverlegt. Material im Wert von 5,9 Millionen Euro nahm die afghanische Nationalpolizei in Empfang. Um weitaus größere Mengen ging es in Kunduz: 1.200 Fahrzeuge, 4.800 Neun-Tonnen-Container, sechs Panzerhaubitzen 2000 sowie Kampfhubschrauber Tiger, Transporthubschrauber NH-90 und CH-53. Insgesamt 45.000 Artikel galt es nach Deutschland zurückzubringen. Und das war nur die Hälfte des Materials. In Kunduz überließ die Bundeswehr aus Wirtschaftlichkeitsgründen große Mengen an Material den Afghanen, ein Teil wurde auch verschrottet. Insgesamt zog die Bundeswehr im Jahr 2012 die meisten der 4.900 Soldaten aus Afghanistan ab. Insgesamt 6.000 Seecontainer traten die Reise nach Deutschland an, 1.900 Fahrzeuge wurden zurückverlegt.[107]

Die afghanischen Sicherheitskräfte wussten mit den von der Bundeswehr überlassenen Liegenschaften und dem Material allerdings wenig anzufangen. Die 250-Millionen-Euro-Investition in die Infrastruktur des Feldlagers Kunduz – davon 14 Millionen noch im Jahr vor dem Abzug – waren nicht von Dauer. Ein Reporter der Wochenzeitung „Die Zeit" beschrieb im März 2014 das ehemalige deutsche Feldlager als eine Geisterstadt: „Straßen im Lager haben sich abgesenkt, vor eine der Gefahrenstellen haben die Afghanen ein von den Deutschen zurückgelassenes Halteverbotsschild aufgestellt. Der Asphalt hat Risse, die Wassergräben neben den Wegen sind eingebrochen. Bäume und andere Pflanzen vertrocknen."[108] Im Winter seien die Rohre für die Wasserversorgung geborsten, in den Unterkünften, in denen nun afghanische Polizisten wohnten, funktionierten weder Lichtschalter noch Heizung noch Klimaanlage, die Toiletten seien in einem katastrophalen Zustand, so der deutsche Reporter.

Mit dem Rückzug aus Kunduz und den anderen Stützpunkten ging die erste Phase der Strategielosigkeit des Afghanistaneinsatzes allmählich zu Ende. Zwar gab es all die Jahre jede Menge politische Absichtserklärungen und wohlklingende Dokumente, die die Verantwortlichen als „Strategie" bezeichneten, doch fehlte es der internationalen Staatengemeinschaft und speziell auch Deutschland in Wahrheit seit 2001/2002 an einem konsistenten Gesamtkonzept für Afghanistan, das Zweck und Ziel als auch Wege und Mittel zu dessen Realisierung ausreichend definiert hätte.[109] Das Militär konnte

---

[107] Vgl. https://www.zeit.de/politik/ausland/2012-09/faizabad-afghanistan-truppen-abzug (19. September 2012) sowie https://www.welt.de/politik/ausland/article106623622/So-wird-ein-Feldlager-wieder-zu-einer-Wiese.html (16. Juni 20212) und https://www.bild.de/politik/ausland/bundeswehr-einsatz/hier-packen-wir-den-krieg- (6. Oktober 2013).

[108] https://www.zeit.de/politik/ausland/2014-03/bundeswehr-feldlager-kundus-afghanistan (30. März 2014)

[109] Vgl. Münch, Philipp: Strategielos in Afghanistan. Die Operationsführung der Bundeswehr im Rahmen der International Security Assistance Force (SWP-Studie), Berlin 2011.

dieses Fehlen einer Strategie kaum kompensieren, stattdessen war es gezwungen, Operationen ohne übergeordnete Vorgaben führen zu müssen – und dies auch noch aus national unterschiedlichen Ansätzen und militärischen Kulturen heraus. Orientierungspunkt war dabei stets das regionale Umfeld und seine Erfordernisse. Auch die Entscheidungsfreude und der Mut des jeweiligen Kommandeurs waren bestimmende Faktoren, die das Vakuum fehlender politischer Weisungen mal mehr, mal weniger füllten. Für eine sinnvolle Entfaltung militärischer Kompetenz reichte das Nötige, das vor Ort getan wurde, nicht aus. Die Schuld hieran trugen keineswegs die jeweiligen Kommandeure, die versuchten, das Beste aus der Lage zu machen. Schuld daran trugen die Politiker, die die Bundeswehr ohne einen klaren Auftrag in ein fremdes Land schickten. Die COIN-Strategie war hier nur graduell besser, aber immerhin: Es war wenigstens die Idee einer Strategie. Sie formulierte zwar ein übergeordnetes Ziel, ließ aber in der Umsetzung derart viele Handlungsmöglichkeiten offen, dass jede Nation, jeder Kommandeur darunter das verstehen konnte, was sie beziehungsweise er wollte. Zu wirklich kohärenten Verfahren kam auch der COIN-Ansatz nicht.

Dass das bisherige strategielose Agieren des Westens in eine neue Phase treten würde, deutete sich auf der politisch-diplomatischen Bühne 2012 an, als die Taliban in Qatar eine offizielle Vertretung eröffneten. Dieser Schritt wurde von vielen Beobachtern als Zeichen dafür gewertet, dass die Aufständischen möglicherweise Friedensgespräche mit den USA führen könnten – und so kam es schließlich auch. Kaum, dass das Taliban-Büro eröffnet worden war, kündigte US-Verteidigungsminister Leon Panetta an, bis Mitte 2013 Kampfeinsätze in Afghanistan einstellen zu wollen. Doch zwischen politischen Ankündigungen und der Realität im Land klaffte weiterhin eine Lücke. Diese Realität erforderte immer wieder robustes Eingreifen der ISAF-Truppen, auch der Bundeswehr, egal wie sehr die Politik von einem Abzug fabulierte.

KSK-Soldaten begleiteten im Mai 2013 eine afghanische Operation nördlich von Baghlan. Dabei wurden die Soldaten von Aufständischen beschossen, der KSK-Soldat Hauptfeldwebel Daniel Wirth (32) kam bei dieser „Maiwand" genannten Operation ums Leben, ein weiterer wurde verwundet. Wirth war der erste KSK-Soldat, der in Afghanistan fiel. Besonders bitter: Afghanische Polizisten, die gemeinsam mit den Deutschen unter Beschuss gerieten, hatten die Bundeswehrangehörigen im Stich gelassen.

Im Juni 2013 übernahmen die afghanischen Streitkräfte landesweit offiziell die Sicherheitsverantwortung. Das war ein Akt fürs Protokoll, in Wirklichkeit änderte sich nichts. Die Taliban konnten weiterhin jederzeit zuschlagen, wie ein Angriff auf den afghanischen Präsidentenpalast am 25. Juni 2013 zeigte. Auch Selbstmordattentate in der Provinz Wardak und eines auf das amerikanische Konsulat in Herat mit 17 Toten sowie die Enthauptung eines ehemaligen Dolmetschers der Bundeswehr in Kunduz durch die Taliban hätten eigentlich zeigen müssen, dass die Regierung weit davon entfernt war, das Land schützen zu können. Diese Meldungen blieben keine Einzelfälle. Allein, dem Westen ging der Durchhaltewillen aus, die öffentliche Meinung in praktisch allen NATO-Staaten drang auf ein Ende des Engagements.

Wie fragil die Sicherheitslage blieb, zeigte nicht zuletzt die vorübergehende Eroberung von Kunduz im Oktober 2015 durch die Taliban, die sich zwei Wochen lang in der Stadt halten konnten. Sie zerstörten dabei auch eines der Prestigeprojekte der Deutschen, die Mischa-Meier-Brücke über den Kunduz-Fluss. Der afghanischen Armee gelang es nur mit massiver amerikanischer Unterstützung, Kunduz wieder freizukämpfen. Zu dem Zeitpunkt war die ISAF-Mission bereits zu Ende, und die Nachfolgemission sah keine massive Militärpräsenz der westlichen Staaten mehr in der Fläche vor, ja nicht einmal mehr Mentoring-Teams, die die afghanischen Sicherheitskräfte bei ihren Operationen begleiteten. Die Phase der Transition war ins Leere gelaufen. Am 31. Dezember 2014 endete der ISAF-Einsatz. Zwischenzeitlich hatten sich bis zu 5.000 deutsche Soldaten an diesem umfangreichen Einsatz beteiligt, 2014 waren es noch 3.300.[110] Die Aufgabe der ISAF, ein sicheres Umfeld für die Arbeit der afghanischen Institutionen und internationalen Organisationen zu schaffen, war nur teilweise erreicht worden – obwohl zum Höhepunkt des ISAF-Einsatzes Ende 2010 rund 130.000 ausländische Soldaten aus 48 Staaten zu diesem Zweck im Lande waren. 3.400 westliche Soldaten waren in Afghanistan zwischen 2001 und 2014 ums Leben gekommen, bei Kampfhandlungen wurden zwischen 20.000 und 40.000 afghanische Zivilisten getötet.

Das deutsche ISAF-Mandat war zunächst nur auf sechs Monate angelegt gewesen. Am Ende wurden 13 Jahre daraus, Jahr für Jahr jeweils um zwölf Monate verlängert. Den Deutschen blieben vor allem die Bilder der intensiven Gefechte zwischen 2009 und 2011 im kollektiven Gedächtnis: vor allem der Luftangriff auf die Tanklaster bei Kunduz und das Karfreitagsgefecht bei Isa Khel. Der Militärhistoriker Sönke Neitzel schrieb rückblickend: „Afghanistan brachte den überwunden geglaubten Krieg zurück ins Bewusstsein der

---

[110] Vgl. auch für das Folgende: https://www.bpb.de/kurz-knapp/hintergrund-aktuell/ 197874 /das-ende-der-isaf-mission-in-afghanistan/

Bundeswehr. Es ging nicht mehr ums Abschrecken, Planen und Üben. Der Kampf mit seinen hässlichen Erscheinungen war nun Wirklichkeit geworden. Aber jene, die ihn im Auftrag von Regierung und Parlament führten, blieben der Gesellschaft und auch Teilen der Bundeswehr fremd."[111] Das Ringen um Afghanistan endete nicht mit dem ISAF-Mandat. Es sollte – unter einem anderen Namen – noch sechseinhalb Jahre weitergehen und in einer einzigartigen Schmach enden.

Mission Resolute Support

Am 18. Dezember 2014 beschloss der Bundestag die Beteiligung der Bundeswehr an der Mission Resolute Support der NATO, der Nachfolgemission von ISAF. Die Mandatsobergrenze legten die Abgeordneten auf 850 Soldaten fest. Insgesamt umfasste die Mission 16.000 NATO-Soldaten und war damit deutlich kleiner als die vorausgehende ISAF-Mission. Im Rahmen von Resolute Support sollten die afghanischen Streitkräfte beraten und ausgebildet werden, damit sie das leisteten, was die ISAF mit einem ungleich größeren Kräftedispositiv nicht geschafft hatte: für Sicherheit im Land zu sorgen. In dieser vollkommen unrealistischen Zielsetzung zeigte sich mehr als in allen vorausgehenden Bekundungen, dass die Politik in Bezug auf Afghanistan in einem Wolkenkuckucksheim saß und die Augen vor der Wirklichkeit in dem Land verschloss.

Tatsächlich steckte hinter Resolute Support die Erschlaffung der westlichen Ambitionen, aus Afghanistan ein friedliches Land machen zu wollen. Man log sich in die Tasche, gab dem Kind einen neuen Namen und wollte im Grunde nur noch eines: möglichst bald gesichtswahrend raus aus diesem Land, das sich so beharrlich allen Modernisierungsversuchen widersetzte. Resolute Support war so etwas wie das Feigenblatt des Westens, der sich nicht eingestehen wollte, was doch längst offensichtlich war: dass er in Afghanistan gescheitert war.

Die Ausbildung afghanischer Streitkräfte ging von einer verlässlichen Zahl afghanischer Soldaten und Polizisten aus, die aber nur auf dem Papier stand. Nach Angaben des amerikanischen Militärs musste die afghanische Armee 2015 rund ein Drittel ihrer 170.000 Soldaten aufgrund von Desertionen, Verlusten und niedrigen Wiedereinstellungsquoten ersetzen[112] – mit anderen

---

[111] Sönke Neitzel, Deutsche Krieger, Berlin 2020, S. 532.
[112] Vgl. Sayed Sarwar Amani und Andrew MacAskill: Desertions deplete Afghan forces, adding to security worries, Reuters 18.1.2016.

Worten: Die Armee bestand zu einem Drittel aus Rekruten im ersten Jahr, die nur eine Grundausbildung durchlaufen und praktisch keine Einsatzerfahrung hatten. Da die NATO nicht davon ausgehen konnte, dass sich der Personalkörper der afghanischen Armee verstetigen würde, stellte sich die Ausbildung der Sicherheitskräfte durch die westlichen Berater im Grunde genommen als eine Ewigkeitsaufgabe dar. Tatsächlich hinterließ die ISAF ein Sicherheitsvakuum im Land, das nicht wieder gefüllt werden konnte, weder durch einheimische noch durch internationale Truppen. Die afghanischen Streitkräfte kamen 2019 auf eine Stärke von gut 272.000 Mann und blieben damit weit unter der Sollstärke von 352.000 Soldaten.[113]

Dreh- und Angelpunkt des deutschen Engagements war nach Aufgabe von Kunduz und Faizabad mit den jeweiligen Außenposten nun das Feldlager Camp Marmal bei Masar-e Scharif. Es war nicht nur Basis des deutschen Kontingents, sondern auch des „Train Advise and Assist Command North" (TAAC), das von einem deutschen Brigadegeneral geführt wurde. Das TAAC North war zuständig für neun Provinzen. Neben der Führungsnation Deutschland beteiligten sich Länder von Albanien bis Ungarn, von Luxemburg bis zur Türkei und von Großbritannien bis Finnland an der Mission im Norden Afghanistans – insgesamt 22 Nationen. Hauptsächlich bildeten deren Soldaten im Feldlager Angehörige des 209. Armeekorps der afghanischen Nationalarmee und der afghanischen Nationalpolizei aus.

Die Bundeswehr war zudem verantwortlich für ein Einsatzgeschwader, das aus vier Hubschraubern vom Typ CH-53 und drei Drohnen Heron 1 bestand. Deutsche Soldaten waren außerdem während Resolute Support in Kabul und Bagram eingesetzt. Die Logistik lief noch bis Dezember 2015 über den Strategischen Lufttransportstützpunkt Termes in Usbekistan, dann wurde er nach 13 Jahren geschlossen. So wie bei ISAF wurde die Gesamtmission vom Allied Joint Force Command der NATO im niederländischen Brunssum geführt; für das US-Kontinent war das United States Central Command in Tampa/ Florida zuständig.

---

[113] Operation Freedom's Sentinel, Lead Inspector General Report to the United States Congress, 1. April - 30. Juni 2019, US-Department of Defense. https://me-dia.defense.gov/2019/Aug/21/2002173538/-1/-1/1/Q3FY2019_LEADIG_OFS_REPORT.PDF

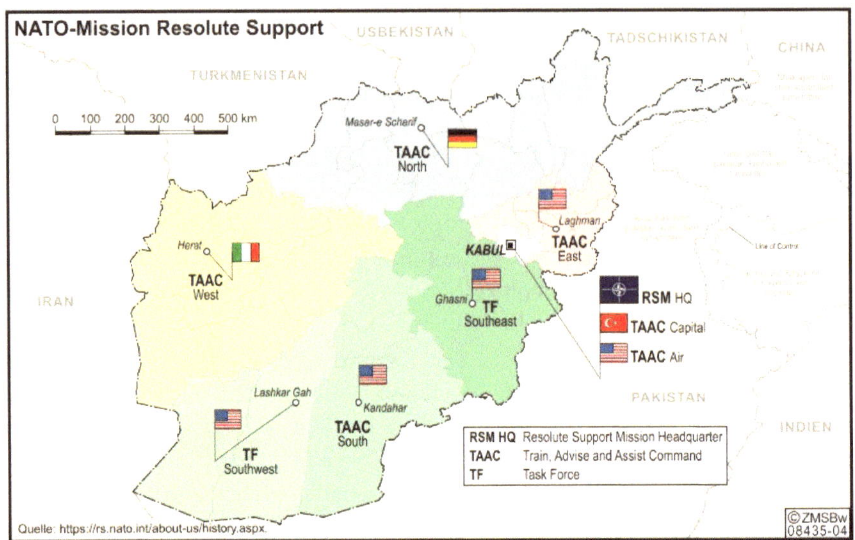

Bei der ISAF-Nachfolgemission Resolute Support wurde aus dem deutschen Verantwortungsbereich im Norden Afghanistan das TAAC North, das Train Advice Assist Command.

Neu war im Vergleich zu ISAF, dass die Taliban inzwischen als Gesprächspartner anerkannt waren. Im Juli 2015 kamen in Pakistan Vertreter der afghanischen Regierung und der Taliban zu ersten offiziellen Gesprächen zusammen, an denen auch China und die USA teilnahmen. Die Aufständischen setzten aber zugleich mit großem Nachdruck ihre Anschlagsserie in Afghanistan fort, die immer grausamere Formen annahm. 2016 tobte erneut eine Schlacht um Kunduz. Bei einem Bombenanschlag auf die American University of Afghanistan kamen 17 Menschen ums Leben. Ein Selbstmordattentat auf das Verteidigungsministerium in Kabul forderte 41 Tote und mehr als 110 Verletzte. Eine Demonstration der Hazara-Minderheit für eine bessere Stromversorgung ihres Siedlungsgebiets wurde zum Ziel eines doppelten Bombenanschlags, bei dem 97 Tote und 260 Verletzte zu beklagen waren. Weitere 90 Tote gab es bei einem Angriff der Taliban auf Soldaten und Polizisten in der Provinz Helmand. Auch das deutsche Generalkonsulat traf es. Am 10. November 2016 explodierte dort eine LKW-Bombe. Sechs Menschen kamen ums Leben, 120 wurden verletzt. Glück hatte eine Gruppe Bundeswehrsoldaten, die auf dem Weg zum Flughafen in Kabul waren, als ihr Fahrzeug von einem Selbstmordattentäter angegriffen wurde. Zwei Soldaten wurden lediglich leicht verletzt.

Der 2017 ins Amt gekommene US-Präsident Donald Trump setzte die Rück-
zugs-Strategie seines Vorgängers Barack Obama nicht nur fort, er forcierte
sie, indem er auf einen noch schnelleren Abzug der US-Truppen drängte. Dabei überging er die afghanische Regierung, deren Meinung ihn nicht interessierte. Auf Druck der USA hob Pakistan den Hausarrest für den Taliban-An-
führer Mullah Baradar auf, der zum zentralen Ansprechpartner der USA für
eine Verhandlungslösung wurde.

Die militärische Situation im Land verschlechterte sich zusehends. 2017, als
Kabul Selbstmordattentate in einem nie dagewesenen Ausmaß erlitt, sprach
das US-Militär erstmals von einer Pattsituation.[114] Die Taliban kontrollierten
zu diesem Zeitpunkt bereits ein Drittel des Territoriums. Und sie gingen immer perfider vor, wie ein Innentäterangriff vom 21. April 2017 zeigte, als Talibankämpfer in afghanischen Uniformen im Stützpunkt Camp Shaheen bei
Masar-e Scharif mehr als 260 afghanische Soldaten ermordeten und 160 verletzten.

Mit einer gigantischen 1500-Kilogramm-Bombe in einem Abwassertankwa-
gen verursachten die Aufständischen am 31. Mai 2017 gewaltige Schäden mitten in Kabul. Betroffen waren die Botschaften Deutschlands, Frankreichs,
Indiens, Japans, der Türkei, Bulgariens und der Vereinigten Arabischen Emirate sowie das NATO-Hauptquartier in Afghanistan. Mehr als 150 Menschen
kamen ums Leben, 490 wurden verletzt, darunter auch Mitarbeiter der deutschen Botschaft. 50 Fahrzeuge wurden zerstört oder beschädigt. Nach diesem
schwersten Anschlag des gesamten Afghanistan-Kriegs zog die deutsche Gesellschaft für Internationale Zusammenarbeit (GIZ) ihr Personal aus Afghanistan ab.

Auch politisch zeigte die Gewalt Wirkung: Der afghanische Präsident Ashraf
Ghani bot den Taliban am 27. Februar 2018 die Anerkennung als legale politische Partei und die Freilassung von Taliban-Gefangenen an. Ghani hatte
erkannt, dass die Zeit für die Aufständischen arbeitete und wollte retten, was
zu retten war – Motto: teile und herrsche. Doch dafür war es schon zu spät.
Auch in der Bundesregierung ahnte man zu diesem Zeitpunkt wohl schon,
dass der Wind sich in Afghanistan endgültig gedreht hatte: Es gab keinen
Fortschrittsbericht der Bundesregierung mehr zu Afghanistan – der letzte
stammte aus dem Jahr 2014. Offensichtlich hatte Berlin danach von keinen
weiteren Fortschritten mehr in Afghanistan zu berichten.

Der Wehrbeauftragte hingegen betrieb Nabelschau. Hans-Peter Bartels kritisierte in seinem Jahresbericht für 2015, dass nach Aufgabe des Lufttrans-
portstützpunkts in Termes und aufgrund fehlender Flugzeuge der Lufttrans-

---

114 Vgl. https://www.cfr.org/timeline/us-war-afghanistan

port nur eingeschränkt möglich war, was zu Verzögerungen bei der Verlegung von Bundeswehrsoldaten führte, die der Wehrbeauftragte „mit Sorge" betrachtete.[115] Im Vergleich zu dem, was sich während der ISAF-Mission an Gefechten abgespielt hatte, was deutsche Soldaten an Kampferfahrungen hatten machen müssen und welches Leid sie erlebt hatten, fing die im Camp Marmal abgeschottete Truppe wieder an, sich mit sich selbst zu beschäftigen. Der Wehrbeauftragte beklagte: „So ist Soldatinnen und Soldaten eines Einsatzkontingents in Afghanistan mit Rücksicht auf muslimische Ortskräfte verboten worden, während des Ramadans in gemeinsam zugänglichen Bereichen Musik zu hören. Gleichzeitig ist ihnen empfohlen worden, in Gegenwart der afghanischen Helfer während des Ramadans tagsüber nicht zu trinken, zu essen oder zu rauchen. Der Befehl bezüglich des Musikhörens wurde inzwischen wieder aufgehoben. Die Empfehlung, nicht zu trinken, ist angesichts der klimatischen Verhältnisse in Afghanistan im Juni und Juli ungeeignet. Sie berührt die Fürsorgepflicht der Vorgesetzten, die Pflicht zur Gesunderhaltung der Soldatinnen und Soldaten und gerät darüber hinaus in Konflikt mit der effizienten Erfüllung des militärischen Auftrags."[116] Der Abschnitt zum Afghanistan-Einsatzes umfasste für 2016 kaum mehr als eine halbe von insgesamt rund 90 Seiten – was einiges aussagt über den Stellenwert, den diese Mission für die Bundeswehr inzwischen nur noch hatte.

2018 nahmen die USA erstmals direkte Gespräche mit den Taliban in Doha (Qatar) auf und vollendeten damit die Kehrtwende in ihrer Afghanistan-Politik. Beide Seiten, so hieß es nach dem ersten Treffen, seien übereingekommen, den Afghanistan-Konflikt durch Dialog beizulegen. Die Taliban hatten darauf bestanden, dass kein Vertreter der afghanischen Regierung an den Gesprächen teilnahm.[117] Präsident Trump war sein Ziel eines raschen Abzugs dieser Affront gegenüber den Verbündeten in Kabul allemal wert.

Der Bundestag stimmte im März 2018 angesichts der gravierenden Verschlechterung der Sicherheitslage und der Tatsache, dass Deutschland mit den bislang verfügbaren Kräften seinen Verpflichtungen nicht nachkommen konnte, einer Erweiterung des Mandats von Resolute Support nun wieder auch auf den Raum Kunduz und einer Aufstockung des Kontingents von 980 auf 1.300 Mann zu. Mit den zusätzlichen Kräften, die bis September 2020 eintrafen, sollte die Unterstützung der afghanischen Streitkräfte sowie der Schutz der deutschen Soldaten ausgeweitet werden. In Kunduz wurden die

---

[115] Vgl. Jahresbericht des Wehrbeauftragten 2016, S. 41f. https://dserver.bundestag.de/btd/18/109/ 1810900.pdf

[116] Ebda.

[117] Vgl. Deutsche Welle: Geheimtreffen zwischen den USA und den Taliban, 29.7.2018, https://www.dw.com/de/geheimtreffen-zwischen-den-usa-und-taliban/a-44871789

Deutschen 2016 im Rahmen einer Mission unter der Bezeichnung *Expeditionary Train-Advise-Assist* im vorgeschobenen Gefechtsstand des 209. Korps der afghanischen Nationalarmee im Camp Pamir und der 808. Polizeizone der afghanischen Nationalpolizei eingesetzt. Camp Pamir fungierte dabei als „sicherer Hafen" für die deutschen Berater des ANA-Korps. Die Wasserversorgung wurde wiederhergestellt, eine Truppenküche geliefert. Bis zu 100 deutsche Soldaten kamen im Camp Pamir unter. Das war eine heikle Mission. Das Lager geriet mehrfach unter Beschuss. Der Wehrbeauftragte Hans-Peter Bartels kritisierte mangelnde Schutzeinrichtungen für die Soldaten, die in ungehärteten Behausungen untergebracht waren; auch Speisesaal und Sanitätscontainer waren nicht gegen Beschuss gesichert.

Mit der Aufstockung der Zahl der Soldaten rückte Deutschland nun auch in der Mission Resolute Support wieder zum zweitgrößten Truppensteller nach den USA auf. Zuvor stand die Bundesrepublik an vierter Stelle: nach den USA, Italien und dem Nicht-NATO-Mitglied Georgien. Allerdings war auch mit dem erweiterten Kontingent Afghanistan inzwischen schon nicht mehr der größte Auslandseinsatz der Bundeswehr, denn in Mali wurde die Truppenstärke im Rahmen der UN-Mission MINUSMA ebenfalls angehoben – auf 1.400 Soldaten.

Afghanistan blieb ein Land unerbittlichen Terrors, der die Menschen wahllos traf. Am 1. Juli 2019 griffen fünf Taliban-Selbstmordattentäter das Verteidigungsministerium in Kabul mit einer Autobombe und Handfeuerwaffen an. Dabei kamen 40 Menschen ums Leben, 105 wurden verletzt, darunter mehr als 50 Kinder. Nur eine Woche später starben 14 Menschen bei einem Selbstmordattentat auf einen Stützpunkt des afghanischen Geheimdienstes NDS in Ghazni. 180 Unbeteiligte wurden verletzt. Am 19. Juli, dem 100. Jahrestag der Unabhängigkeit des Landes, ereignete sich eine Serie von zehn Explosionen in Dschalalabad mit mindestens 123 Verletzten. Am 17. September griff ein Selbstmordattentäter eine Wahlkampfveranstaltung von Präsident Ashraf Ghani an, ermordete 26 Menschen und verletzte 42. Am selben Tag kamen bei einem Anschlag in der Nähe der amerikanischen Botschaft in Kabul 22 Menschen ums Leben, 38 erlitten Verletzungen.

Die Präsidentschaftswahl am 28. September 2019 gewann Ashraf Ghani mit einer hauchdünnen Mehrheit von 50,6 Prozent der abgegebenen Stimmen – bei einer Wahlbeteiligung von lediglich 18 Prozent. In Wahrheit lag die Wahlbeteiligung noch sehr viel niedriger, denn von den 38,9 Millionen Einwohnern Afghanistans waren überhaupt nur 9,7 Millionen als Wähler registriert. Die Präsidentschaftswahl konnte also nicht anders als eine Farce bezeichnet werden, die Ghani keine Legitimität brachte. Ghanis Gegner Abdullah

Abdullah, der auf 39,5 Prozent kam, lehnte das Ergebnis denn auch ab und kündigte die Bildung einer Parallelregierung in Nordafghanistan an.

Neben den ständigen Terrorattacken beeinträchtigte seit Frühjahr 2020 auch die Corona-Pandemie die Arbeit der internationalen Gemeinschaft in Afghanistan. Der amtierende US-Verteidigungsminister Christopher C. Miller kündigte nach Ausbruch der Seuche an, die Zahl der amerikanischen Soldaten in Afghanistan bis Mitte Januar 2021, also noch vor der Amtseinführung des neuen Präsident Joe Biden, auch aus Gründen des Gesundheitsschutzes auf 2.500 Mann zu halbieren. Corona erreichte im Laufe des Jahres 2020 die Camps der internationalen Truppen in Afghanistan. Auch die Bundeswehr verringerte aufgrund der Pandemie ihre Präsenz rascher als zunächst geplant. So sollte das Kommando Spezialkräfte im Frühjahr 2020 die Hälfte seiner Soldaten umgehend abziehen. Soldaten aus Deutschland, die nach Afghanistan verlegten, mussten zwei Wochen vor Abreise in Quarantäne und benötigten ein Attest, mit dem sie nachwiesen, dass sie negativ auf das Virus getestet worden waren.[118]

Das Ende des Afghanistan-Engagements der westlichen Staatengemeinschaft kam mit dem Abkommen von Doha vom 29. Februar 2020 in Sicht. In Doha vereinbarten die USA und die Taliban den Abzug der Truppen. Im Gegenzug bekamen die USA und ihre Verbündeten Sicherheitszusagen von den Aufständischen. Das vierseitige Abkommen wurde von dem amerikanischen Sondergesandten Zalmay Khalilzad und dem Leiter des politischen Büros der Taliban in Doha, Mullah Abdul Ghani Baradar, unterzeichnet.

Im Einzelnen ging es darum, dass die USA zunächst ihre Truppen bis Juli 2020 von 13.000 auf 8.600 Mann reduzierten, vier Militärbasen schlossen und innerhalb von 14 Monaten, also bis zum 1. Mai 2021, ganz abzogen. Um politische Fragen zur Zukunft Afghanistans ging es in Doha nicht. Dazu sollten innerafghanische Gespräche zwischen den Taliban und der afghanischen Regierung aufgenommen werden. Die Taliban verpflichteten sich ihrerseits, dass von Afghanistan keine Bedrohung mehr für den Westen ausgehen sollte. Auch sollte Al-Qaida keine neuerliche Basis in Afghanistan erhalten. Für die Bundeswehr bedeutete das: Ziehen die Amerikaner ab, ziehen auch die Deutschen ab. Nur das Wie war noch nicht klar. US-Präsident Donald Trump hatte seinen Unterhändler zu höchster Eile gedrängt. Die Verhandlungen wurden geradezu durchgepeitscht. Alle weiteren Details sollten später geklärt werden, Hauptsache Trump hatte etwas in der Hand, was er als Durchbruch verkaufen konnte.

---

[118] Coronakrise beschleunigt Afghanistan-Abzug, in: Der Spiegel 24. März 2020, https://www.spiegel.de/politik/deutschland/bundeswehr-corona-krise-beschleunigt-afghanistan-abzug-a-468cb07b-e2c5-43be-a9c9-9eadbd88ac95

International wurde die Vereinbarung begrüßt und vom UN-Sicherheitsrat einstimmig befürwortet. Weil die afghanische Regierung nicht beteiligt war, kann das Abkommen nicht als völkerrechtlicher Friedensvertrag angesehen werden. Es war ohnehin kein Vertrag im eigentlichen Sinne, sondern juristisch betrachtet nur eine Erklärung. Für die Taliban allerdings war diese Erklärung ein einzigartiger Erfolg. Der Westen redete sich das Verhandlungsergebnis schön, indem er es als Einstieg in einen Friedensprozess darstellte. Ob es dazu kommen würde, blieb offen, Garantien gab es keine. Die Taliban konnten sich als Gewinner sehen – und dachten nicht im Geringsten an einen Friedensprozess mit der ihnen verhassten Regierung in Kabul.

Für die ohnehin fragile Kampfmoral der afghanischen Streitkräfte bedeutete das Abkommen einen enormen Rückschlag, der schließlich zum Kollaps führte. Im Jahr 2020 fielen in den Gefechten mit den Taliban im Schnitt täglich 240 afghanische Soldaten oder wurden verwundet. Viele in der Armee fragten sich nach dem 29. Februar, wofür sie eigentlich noch kämpfen sollten – vor allem, da die afghanische Regierung nun begann, als Zeichen ihres guten Willens massenhaft Taliban-Gefangene freizulassen, auch solche, die schwere Verbrechen wie Mord begangen hatten. Im August 2020 betraf eine entsprechende Amnestie 5.100 Taliban-Kämpfer. Sie wurden auf freien Fuß gesetzt.

Die Antwort folgte auf dem Fuße. Afghanistan erlebt nach dem Doha-Abkommen eine Welle der Gewalt, die alles bisher Dagewesene in den Schatten stellte. Innerhalb von sechs Wochen wurden im Frühjahr 2020 mehr als 4.500 Taliban-Angriffe gemeldet. In den ersten neun Monaten 2020 wurden nach Angaben der Hilfsmission der Vereinten Nationen in Afghanistan (UNAMA) 2.177 Zivilisten getötet und 2.822 verletzt.

Zudem traf Corona das Land hart, dessen Gesundheitssystem schon ohne die Pandemie überfordert war: Offiziellen Angaben zufolge gab es mehr als 52.000 Erkrankungen und mehr als 2.200 Todesfälle, wobei diese Zahlen wohl kaum das ganze Ausmaß der Pandemie widerspiegeln, denn in den meisten Provinzen gab es keine Corona-Tests, und die wenigen Blutproben, die entnommen wurden, mussten zum Testen nach Kabul gebracht werden, weil es nur dort entsprechende Labors gab.[119]

Die Aufständischen bombten die Regierung in der ersten Jahreshälfte 2020 regelrecht zu Zugeständnissen. Die Regierung selbst verlor Zeit, denn nach den Präsidentschaftswahlen Ende 2019 verzögerte sich die schwierige Regierungsbildung bis in den Mai 2020. Hintergrund waren heftige Kontroversen zwischen Präsident Ashraf Ghani und seinem Herausforderer Abdullah

---

[119] Vgl. Afghanistan 2020, https://www.amnesty.de/informieren/amnesty-report/afghanistan-2020

Abdullah. Nachdem endlich die mehr als fünftausend Taliban-Kämpfer freigelassen worden waren, durften ihrerseits 1.000 gefangene Regierungssoldaten aus den Kerkern der Taliban nach Hause.

Im August 2020 ebnete die Regierung in Kabul auf Druck der USA den Weg für bilaterale Friedensverhandlungen mit den Taliban, die allerdings sehr zäh verliefen. Die Taliban sahen sich längst militärisch auf der Siegerstraße und sahen kaum mehr einen Grund, am Verhandlungstisch auch nur irgendein Zugeständnis zu machen. Die Zeit arbeitete für sie.

Dass die amerikanische Delegation bei den Verhandlungen mit den Taliban in Doha keinerlei konkrete Gegenleistung von ihnen für den Abzug der westlichen Truppen verlangt hatte, war Ausdruck von Naivität und Ignoranz – und dem Wunsch, die Sache nach 20 Jahren schnell zu Ende zu bringen. Nur noch eine Minderheit der Amerikaner stand hinter dem Einsatz in Afghanistan. Dass die Erklärung von Doha ohne die afghanische Regierung zustande kam, war ein Affront sondersgleichen der Amerikaner gegenüber ihrem afghanischen Partner in Kabul. Damit war das wenige, das der afghanischen Regierung an Autorität noch geblieben war, zerstört. Das Doha-Abkommen beschleunigte ihren Zusammenbruch – zunächst aber den der Armee. In den zehn Jahren vor dem Doha-Abkommen hatten afghanische Truppen mit Unterstützung der westlichen Truppen keine einzige Schlacht gegen die Taliban verloren. Nach dem Abkommen verloren sie jede Schlacht. Die NATO entschied, bis zum 11. September 2021 ihre Truppen vollständig aus Afghanistan abzuziehen. Verteidigungsminister Annegret Kramp-Karrenbauer ordnete die Rückverlegung der Bundeswehr im April 2021 für den Sommer desselben Jahres an.

Darauf bereitete sich das deutsche Kontingent nun unverzüglich vor. Der Abzug sollte unter geordneten Umständen stattfinden, ehe Afghanistan unter dem Sturm[120] der Taliban endgültig kollabierte. Das deutsche Kontingent sollte „schmal und agil" gehalten werden, ohne die Eigensicherung zu gefährden, sagte der letzte deutsche TAAC-Kommandeur, Brigadegeneral Ansgar Meyer, im Februar 2023 vor dem Afghanistan-Untersuchungsausschuss des Bundestags. Meyer war der Offizier, der den Abzug zu organisieren hatte. Nach seinen Angaben hatte Bundeskanzlerin Angela Merkel ihm persönlich den Auftrag dazu gegeben.[121] Die Zeit drängte. Die Zahl der täglichen Zwischenfälle nahm rasch zu, Meyer sprach von 120 bis 140. Die Rückverlegung war von starken Emotionen begleitet. Viele der Soldaten, die nun die Sachen

---

120 Vgl. https://www.bundestag.de/dokumente/textarchiv/2023/kw06-pa-1ua-afghanistan-932426
121 Vgl. ebda.

packten, waren mehrfach im Land gewesen und gingen davon aus, dass sie Afghanistan wahrscheinlich zum letzten Mal sahen.

Bereits am 26. November 2020 hatten die Deutschen mit dem Abzug der verbliebenen Einsatzkräfte aus dem Camp Pamir bei Kunduz begonnen. Am 27. April 2021 flog Brigadegeneral Meyer noch einmal in das Camp, um sich vom Kommandeur des 217. Korps der afghanischen Armee, Brigadegeneral Mohammed Yazdani, zu verabschieden. Mit einer symbolischen Schlüsselübergabe des bisher von der Bundeswehr genutzten Bereichs im Camp Pamir endete die deutsche Ausbildungsmission von Resolute Support in Kunduz.

Zusammenbruch

Im Frühjahr 2021 eröffneten die Taliban das Schlusskapitel im Ringen um das Land. Im Zuge ihrer am 1. Mai 2021 begonnenen Sommeroffensive eroberten sie innerhalb von drei Monaten 150 Distrikte und kontrollierten damit insgesamt 223 der 421 Distrikte.[122] Es überrascht nicht, dass die Unterstützungsmission der Vereinten Nationen (UNAMA) im Juli in ihrem Halbjahresbericht einen Anstieg der Zahl der Opfer von Gewalttaten um 47 Prozent im Vergleich zum Vorjahr feststellte.[123] Ein Aufruf von Präsident Ashraf Ghani zu einem Volksaufstand gegen die Taliban verhallte ungehört. Die Menschen in Afghanistan wussten, dass der Krieg verloren war und dass die neuen Herren nicht zögern würden, Rache an jedem zu üben, der sich ihnen in den Weg stellte.

Am 1. Mai 2021 begann offiziell der Abzug aller NATO-Truppen. Die Bundeswehr beendete am 30. April 2021 ihren Ausbildungs-, Beratungs- und Unterstützungsauftrag (TAAC) und begann mit der Räumung ihres Camps Marmal in Masar-e Scharif. Das Material wurde in 750 Seecontainern auf dem Land- und dem Luftweg zurück nach Deutschland gebracht, darunter 120 Fahrzeuge und sechs Hubschrauber. Wie schon seinerzeit in Kunduz, wurde auch hier der Ehrenhain abgebaut, um auf dem Gelände des Einsatzführungskommandos in Deutschland wieder aufgestellt zu werden. Der zentrale Gedenkstein wurde dabei zu einer Herausforderung: Der riesige Findling aus dem Marmal-Gebirge wog mehr als 26 Tonnen und musste von Pionieren verladen werden. Dazu benutzten sie einen 100-Tonnen-Kran und einen

---

[122] Mapping Taliban Control in Afghanistan 2000-2021. https://www.longwarjournal.org/mapping-taliban-control-in-afghanistan

[123] *Afghanistan, Protection of civilians in armed conflict – midyear update: 1 january to 30 june 2021*, UNAMA, https://unama.unmissions.org/protection-of-civilians-reports

Panzertransporter, packten den Stein in Folie, zogen die Bundesdienstflagge darüber und verfrachteten ihn in eine Transportmaschine vom Typ Antonow AN-124, die ihn zum Flughafen Halle-Leipzig brachte. Von dort ging es auf dem Landweg zum Einsatzführungskommando weiter. Leichteres Gerät hatten die Soldaten von Radio Andernach zu verpacken. Sie schickten am 30. Mai 2021 ihre letzten Nachrichten aus dem Studio im Camp Marmal in den Äther. Der Claim des Betreuungssenders, „Das ist das Einsatzradio“, auf der Frequenz 103,7 Mhz verstummte in Afghanistan. Die Redakteure sendeten fortan von der Zentrale in Mayen bei Koblenz aus.

Die Übergabe von Camp Marmal an den afghanischen General Mohammed Saheer Nasari vom 209. Korps der ANA erfolgte am 7. Juni 2021. Zehn Tage später ließ Generalinspekteur Eberhard Zorn ein letztes Mal in Camp Marmal antreten. Im Fackelschein sagte er den Soldaten Dank für ihr Engagement in Afghanistan. 264 waren es, die bis Ende Juni 2021 dort noch die Stellung hielten. 15 Jahre deutsche Präsenz in Masar-e Scharif neigten sich ihrem Ende entgegen.

Am 29. Juni 2021 wurden die verbliebenen Bundeswehrangehörigen von Resolute Support schließlich planmäßig ausgeflogen. Das letzte deutsche Flugzeug, das von Masar-e Scharif abhob, war am Abend jenes Dienstags ein Transporter vom Typ A400 M. Er verließ mit Brigadegeneral Ansgar Meyer an Bord um 21.24 Uhr den afghanischen Luftraum Richtung Georgien. Zurück blieben in Masar-e Scharif Afghanen, die von den lokalen Kriegsherren und Parteivorsitzenden für den Kampf gegen die Taliban mit Panzerfäusten und Kalaschnikows ausgestattet worden waren. Drei Kilometer von der Stadt entfernt lauerten die Taliban bereits und warteten auf den Abzug der NATO-Truppen. Der „Wallfahrtsort des Edlen“, wie Masar-e Scharif übersetzt in Anspielung auf die dort vermutete Grabstätte von Ali Ibn Abi Talib heißt, dem Cousin und Schwiegersohn Mohammeds, wurde Mitte August 2021 von den Taliban eingenommen. Die viertgrößte Stadt Afghanistan und das ehemals deutsche Camp fielen ihnen kampflos in die Hände. Am 13. August 2021 hatte Präsident Ashraf Ghani noch die afghanischen Truppen in Masar-e Scharif besucht und ihnen Unterstützung im Kampf gegen die Taliban zugesichert. Drei Tage später floh er ins Exil. Am 16. August 2021 bombardierte die US-Air Force den Flughafen von Masar-e Scharif und die dort verbliebenen Kampfflugzeuge und Hubschrauber, damit diese nicht den Taliban in die Hände fielen.

Am 23. Juni mahnte Bundestagspräsident Wolfgang Schäuble (CDU) eine „Schutzverpflichtung“ Deutschlands gegenüber den Ortskräften der Bundeswehr an. Die Wenigsten schafften es rechtzeitig aus dem Land. Zwei Büros für Ortskräfte, die in Kabul und Masar-e Scharif eingerichtet werden sollten, kamen nie zustande. Wie die Bundesrepublik mit diesen Ortskräften in den Monaten des Zusammenbruchs Afghanistans umging, sollte nach dem Ende des Dramas Gegenstand eines Untersuchungsausschusses des Bundestags werden.

Deutsche Fallschirmjäger kontrollieren am 23. August 2021 mit Kameraden aus NATO-Staaten den Zugang zum Flughafen Kabul.

Foto: Bundeswehr/Einsatzkameratrupp

Als die letzten Bundeswehr-Soldaten aus dem Afghanistan-Einsatz nach Deutschland zurückkehrten, machten sie am Fliegerhorst Wunstorf bei Hannover eine bittere Erfahrung, die ihnen einmal mehr vor Augen führte, wie wenig soldatischer Dienst in der Bundesrepublik wertgeschätzt wird. Obwohl Afghanistan der längste und verlustreichste Militäreinsatz in der Geschichte der Bundesrepublik war, erschienen weder die Verteidigungsministerin noch die Bundeskanzlerin, um die Soldaten in Empfang zu nehmen. Nicht einmal Mitglieder des Verteidigungsausschusses hatten sich auf den Weg nach Wunstorf machen können, weil die Parlamentarier, die regelmäßig die Soldaten in Einsätze schicken, erst kurzfristig von ihrer Heimkehr erfahren hatten. Einzig der Befehlshaber des Einsatzführungskommando, Generalleutnant Erich Pfeffer, hieß die Männer und Frauen in ihren sandfarbenen Uniformen in der Heimat willkommen.

Die Begründung der Politik für diese Geringschätzung war an Dreistigkeit kaum zu überbieten. Sie verstieg sich zu der Behauptung, die Soldaten hätten heimgewollt zu ihren Familien. Angeblich hätten die Truppe und die Kontingentführung das so gewünscht. So steht es bis heute auf den Internetseiten der Bundeswehr.[124] Eine kurze, angemessene Ansprache wenigstens eines Repräsentanten von Regierung oder Parlament hätte die Männer und Frauen in Uniform kaum von der raschen Heimkehr abgehalten. Das öffentliche Echo auf das Versagen der politischen Führung Deutschlands war desaströs, daher besann man sich im Verteidigungsministerium auf eine Wiedergutmachung. Am 31. August 2021 sollte ein Großer Zapfenstreich den würdigen Rahmen für ein offizielles Ende des Afghanistan-Einsatzes bilden. So entschied es Verteidigungsministerin Kramp-Karrenbauer. Die Zeremonie wurde dann wegen der dramatischen Ereignisse bei der Evakuierungsoperation in Kabul auf den 13. Oktober 2021 verschoben. Vor dem Reichstagsgebäude in Berlin versammelten sich an dem Tag Bundeswehrangehörige und die Honoratioren, das Volk musste jedoch hinter den umfangreichen Absperrungen bleiben. Die Isolation der Truppe wurde so noch einmal augenfällig: Zwischen der Bevölkerung und den Soldaten war eine Sicherheitswüste aufgebaut worden. Immerhin zwei Millionen Menschen verfolgten das live übertragene Zeremoniell zur besten Sendezeit im ARD-Fernsehen. Das hatte es bei einem Thema, das die Bundeswehr betraf, so noch nie gegeben.

Zurück nach Afghanistan: Am 2. Juli zogen die US-Truppen aus der Bagram Air Base in der Nähe von Kabul, ihrem bisherigen Hauptquartier, ab. Aus deutscher Sicht wurde der 8. August 2021 zu einem traurigen historischen Datum: An diesem Tag eroberten die Taliban Kunduz zurück, jene Stadt, die wie keine andere eng mit dem Wirken der Bundeswehr im Land verbunden war. Fünf Tage später nahmen die Aufständischen Kandahar und Herat ein, am 14. August 2021 standen sie vor Kabul, das sie keine 24 Stunden später gewaltlos einnahmen. Am 15. August begannen die USA mit der Evakuierung ihres Botschaftspersonals. Für diese Operation verlegte das Pentagon noch einmal kurzfristig 3.000 Soldaten in die afghanische Hauptstadt. Die letzte Provinz, die die Taliban einnahmen, war Pandschir. Dort trafen sie auf schwachen Widerstand.

Das politische und militärische System in Afghanistan stürzte im Sommer 2021 wie ein Kartenhaus ein. Dass es so schnell ging, hatten die westlichen Geheimdienste nicht vorausgesehen. Sie waren mindestens von Monaten ausgegangen, bis die Taliban das Land zurückerobert hätten. Die afghanischen Streitkräfte zeigten jedoch weder Kampfkraft noch Moral. Alles, was ihnen

---

124 https://www.bundeswehr.de/de/aktuelles/meldungen/afghanistan-einsatz-wuerdigung-der-truppe-5103650

die westlichen Partner jahrelang versucht hatten beizubringen, war vergebens. Die Lage spitzte sich auch für Staatsbürger westlicher Staaten zu, die noch im Lande waren. In Berlin griff man nun auf Pläne aus dem Frühjahr zurück, in denen von einem Worst-case-Szenario ausgegangen war, das ein rasches und entschiedenes Handeln erforderlich machen würde: eine plötzliche Evakuierung.

Vom 16. bis 26. August setzte die Bundeswehr eine entsprechende vom Auswärtigen Amt geleitete Operation um. Fallschirmjäger, Spezialkräfte, Feldjäger, Sanitäter, ein Krisenunterstützungsteam und weitere Spezialisten wurden, kommandiert vom KSK-erfahrenen Brigadegeneral Jens Arlt, nach Taschkent verlegt, wo eine Operationsbasis eingerichtet wurde. In Taschkent sollten alle Evakuierten registriert, gegebenenfalls medizinisch versorgt und innerhalb von sechs Stunden nach Deutschland ausgeflogen werden. Arlt war Kommandeur der Luftlandebrigade 1 mit Sitz in Saarlouis und Truppenteilen im Saarland, Rheinland-Pfalz und Niedersachsen – der in dieser Situation bestmögliche verfügbare Verband für einen Kriseneinsatz in Afghanistan. Der Bundestag stimmte ihm am 25. August nachträglich zu.

Am frühen Morgen des 16. August 2021 begann der robuste Teil der Evakuierung. Die Bundeswehr verlegte Kräfte in das Einsatzgebiet. Rund 600 Soldaten waren mittelbar oder unmittelbar an der Aktion beteiligt. Es sollte die größte und gefährlichste Evakuierungsoperation in der Geschichte der Bundeswehr werden.

Um 6.31 Uhr machte sich das erste Transportflugzeug vom Typ A400 M aus Deutschland auf den Weg Richtung Afghanistan. Die letzten erforderlichen Überfluggenehmigungen lagen beim Start der ersten Maschinen noch nicht vor. Üblicherweise dauert ein solches Verfahren rund 14 Tage.

Das Flugzeug erhielt aufgrund der unübersichtlichen Lage am Flughafen Kabul allerdings keine Landeerlaubnis durch die US-Kräfte, die den Flughafen kontrollierten. Es musste abdrehen. Eine zweite Maschine aus Deutschland durfte nach längerem Kreisen im Luftraum über Kabul um 21.57 Uhr Ortszeit landen. Die Piloten zeigten dabei ihr ganzes Können: Es war eine Kampflandung notwendig – bei miserablen Sichtverhältnissen, ausgeschalteter Landebahnbefeuerung und unklarer Gefährdungslage. Das gefährliche Manöver klappte, auch wenn einige Reifen beim Aufsetzen beschädigt wurden. Verteidigungsministerin Kramp-Karrenbauer sprach später von einem „echten Husarenstück" der Piloten. So gelang es der Bundeswehr, KSK-Soldaten und Fallschirmjäger auf den Boden zu bringen, die die Handlungsfähigkeit in den kommenden Tagen gewährleisten sollten. Nach einer von den USA genehmigten extrem kurzen Stehzeit von 30 Minuten hob der A400 M mit sieben Evakuierten an Bord wieder ab. In Kabul blieben die deutschen Spezialkräfte unter Leitung eines jungen Oberleutnants zurück, belegten eines der verwaisten Gebäude in der Nähe des North Gate am Flughafen und richteten einen Gefechtsstand ein. Um 11 Uhr am nächsten Tag hissten sie an einem Mast die deutsche Flagge.

Ankunft eines Evakuierungsflugs mit 66 Menschen am 20. August in Taschkent (Usbekistan).
Foto: Bundeswehr/Tessensohn

Schon am 17. August 2021 standen deutsche Soldaten gemeinsam mit ihren amerikanischen Kameraden an den Eingängen zum Flughafen – erst am North Gate, später auch am östlich gelegenen Abbey Gate und am South Gate – und regelten den Zutritt. Zwischen kahlen Betonwänden drängten sich an diesen Toren unzählige Afghanen in brütender Hitze und versuchten, auf das Flughafengelände zu gelangen. Frauen und Kinder wurden in den Stacheldraht der gesicherten Tore gedrückt oder niedergetrampelt. Einige der Menschen kollabierten und verstarben in der Menge. Besonders Ältere, Frauen und Kinder wurden oftmals von der emotionalen Masse zurückgedrängt. Nach wenigen Tagen befanden sich am Flughafen fast nur noch junge Männer mit teils fragwürdigen Papieren. Manche von ihnen, die es aufs Vorfeld geschafft hatten, hängten sich an rollende amerikanische Flugzeuge. Diese Bilder gingen um die Welt und brannten sich ins kollektive Gedächtnis in vielen Ländern ein.

Der Plan der Bundesregierung sah vor, zu evakuierende Personen aufzufordern, sich auf dem Weg zum Flughafen zu machen. Doch angesichts der bedrohlichen Lage am Airport und in Kabul selbst schien dies zunächst undurchführbar; es war schlicht zu gefährlich für die Betroffenen. Das Auswärtige Amt rief dann doch alle deutschen Staatsbürger dazu auf, sich zum Flughafen zu begeben. Doch viele Schutzberechtigte scheiterten mit dem Versuch, durchzukommen oder auch nur die deutschen Einsatzkräfte zu kontaktieren.

Um 13.05 Uhr landete am 17. August ein weiterer A400 M und nahm bis zum Start um 13.50 Uhr immerhin 125 Menschen an Bord. Am Abend erreichte noch eine Maschine Kabul. Sie landete um 19.47 Uhr und konnte 140 Menschen ausfliegen. Um die Kapazität auszulasten, wurden neben Deutschen auch Ausländer mitgenommen, unter anderem afghanische Ortskräfte. Insgesamt flog die Bundeswehr am zweiten Tag der Operation Menschen aus 17 Nationen nach Taschkent.

Vom 18. August 2021 an waren vier Transportmaschinen A400 M sowie ein Airbus A310 MedEvac für medizinische Notfälle im Einsatz. General Arlt hob die höchstzulässige Passagierzahl auf, um die Transportkapazität zu erhöhen. Insgesamt konnte die Bundeswehr an diesem Tag 692 Menschen aus Kabul ausfliegen. Versorgungsgüter wie Hygieneartikel, Windeln und Babynahrung sowie Lebensmittel wurden auf den Hinflügen mitgebracht.

Am folgenden Tag konnten 771 Menschen, am Tag darauf 253 Menschen gerettet werden. Am 22. August 2021 wurde die Lage am Flughafen so kritisch, dass zeitweise die Tore ganz geschlossen werden mussten. 589 Menschen gelang mit Maschinen der Bundeswehr die Flucht aus dem Land. Am 23. August 2021 kam es in der dramatischen Situation zu einem Feuergefecht, an dem auch deutsche Soldaten beteiligt waren. Dabei wurde eine afghanische Sicherheitskraft getötet. Die Zahl der Ausgeflogenen belief sich an diesem Tag auf 945 Menschen in fünf Bundeswehr-Flügen. Am 24. August 2021 steigerte sich die Bilanz auf 983 Menschen in wiederum fünf Flügen. Am folgenden Tag kamen 539 Menschen hinzu.

Zwei Deutsche wurden am 20. August auf dem Weg zum Flughafen verletzt, einer von ihnen durch Schüsse. Das Kommando Spezialkräfte suchte inzwischen in der von den Taliban kontrollierten Stadt nach Schutzberechtigten, die es aus eigener Kraft nicht schafften, zum Flughafen zu kommen. Sie sollten an zuvor vereinbarten Treffpunkten, beispielsweise Tankstellen, abgeholt werden. Im Bundeswehr-Deutsch hieß das: „Zielgerichtete Evakuierung isolierter und besonders gefährdeter Personen". Der Name der Aktion war Programm: *Last Call*. Die Kommandosoldaten retteten bei zehn nächtlichen Einsätzen insgesamt 150 Menschen aus der Stadt, unter anderem eine

Münchener Abiturientin und ihre Familie. Über Nebeneingänge oder sogar durch die Kanalisation schleusten sie ihre Schützlinge aufs Flughafengelände. Sie gingen bei den Einsätzen zu Fuß oder benutzten Fahrzeuge. Die Bundeswehr verlegte zwar auch zwei Hubschrauber des KSK vom Typ H-145M nach Kabul. Durch eine Kommunikationspanne wurde deren Einsatz jedoch verhindert. Im Internet verbreitete Bilder der Maschinen hätten das Operationsziel in Gefahr bringen können bis hin zum Abschuss der Maschinen durch die Taliban.[125]

Ein folgenschweres Attentat in der unübersichtlichen Lage am Kabuler Flughafen ereignete sich am 26. August. Attentäter des afghanischen Ablegers der IS-Terrormiliz ISIS-K(horasan) töteten mit Sprengstoff und Gewehren am Abbey-Gate 170 Afghanen und 13 US-Soldaten; mehr als 200 Menschen wurden verletzt. Das Abbey-Gate war auch zu diesem Zeitpunkt immer noch mit ausreisewilligen Menschen überfüllt.

An diesem Tag beendete die Bundeswehr ihre ebenso dramatische wie erfolgreiche Evakuierungsmission in Kabul. Am Nachmittag wurden die deutschen Kräfte aus Kabul abgezogen. Alle Bundeswehrangehörigen kehrten unverletzt nach Taschkent zurück. Mit dabei waren weitere 154 Schutzbedürftige. Insgesamt wurden mit sechs Maschinen vom Typ Airbus A400 M in 37 Flügen 5.347 Menschen aus 45 Ländern evakuiert.[126]

General Arlt selbst hatte zum Ende der Evakuierungsmission die deutsche Flagge am Flughafen Kabul eingeholt. Er überreichte sie später den KSK-Soldaten in Calw zur respektvollen Erinnerung an den gefährlichen Einsatz. Verteidigungsminister Boris Pistorius (SPD) verlieh an zwei KSK-Soldaten, einen Hauptmann und einen Stabsfeldwebel, die sich in Kabul besonders hervorgetan hatten, im August 2023 das Ehrenkreuz für Tapferkeit. Diese höchste Auszeichnung der Bundeswehr ist bislang nur 29 Mal verliehen worden.

Anders als die regulären deutschen Truppen der Mission Resolute Support wurden die Männer und Frauen der Evakuierungsoperation am 22. September 2021 in einem feierlichen Rückkehrappell in Deutschland begrüßt. In Anwesenheit von Bundeskanzlerin Angela Merkel und Verteidigungsministerin Annegret Kramp-Karrenbauer wurden alle Soldaten des Einsatzverbandes am Standort des Fallschirmjägerregiments 31 im niedersächsischen Seedorf gewürdigt. Sie erhielten die neue Einsatzmedaille für Militärische Evaku-

<hr>

125 Afghanistan: Weil Bundeswehr „fatalen" Fehler begeht – Keine Rettung mit deutschen Hubschraubern. Münchener Merkur 24.8.2021, https://www.merkur.de/politik/afghanistan-bundeswehr-taliban-hubschrauber-video-aufnahmen-einsatzplan-rettungsfluege-90936281.html
126 Vgl. https://www.bundeswehr.de/de/aktuelles/meldungen/evakuierung-afghanistan

ierungsoperationen (MilEvakOp). Besonders ausgezeichnet wurde General Arlt: Am 17. September verlieh ihm Bundespräsident Frank-Walter Steinmeier für seinen beispielgebenden Einsatz den höchsten deutschen Orden, das Bundesverdienstkreuz 1. Klasse.

Der afghanische Präsident Ashraf Ghani floh aus seinem Land. Am 18. August bestätigten die Vereinigten Arabischen Emirate, dass sich Ghani „aus humanitären Gründen" in dem Golfstaat befinde. Am 23. August stellten die Taliban für Evakuierungen in Afghanistan ein Ultimatum: Sie verlangten, dass bis zum 31. August alle westlichen Truppen abgezogen sein sollten.

Am 30. August zogen auch die USA ihre letzten Truppen ab. Insgesamt konnten die Amerikaner innerhalb von 17 Tagen 124.000 Menschen evakuieren. 250 Flugzeuge nahmen an der US-Operation Allies Refuge teil. Im Durchschnitt hob alle 34 Minuten eine Maschine vom Kabuler Flughafen ab. Generalmajor Chris Donahue, Kommandeur der 82. Luftlandedivision, war der letzte amerikanische Soldat, der Afghanistan verließ. Dass ausgerechnet ihm diese Rolle zufiel, mag Zufall oder amerikanische Inszenierung gewesen sein: Donahue war am 11. September 2001 Augenzeuge der Attacke auf das Pentagon gewesen, mit der das ganze Afghanistan-Drama seinen Anfang genommen hatte.

Sechs Wochen nach der Machtübernahme durch die Taliban wurde die Islamische Republik Afghanistan in das Islamische Emirat Afghanistan umbenannt. Der Verkündung einer Generalamnestie für ehemalige Mitarbeiter von westlichen Streitkräften und internationaler Organisationen standen Berichte über Diskriminierungen, Verfolgungen und Übergriffe gegenüber. Insbesondere gegen Frauen gingen die neuen Herrscher Afghanistan rücksichtslos vor. So haben sie ihre Ausbildungs- und Arbeitsmöglichkeiten immer weiter eingeschränkt, bis Frauen sich in der Öffentlichkeit unbegleitet gar nicht mehr zeigen durften und von praktisch allen Bildungsmöglichkeiten und Berufen ausgeschlossen waren.

Am 13. September 2021 wurde auf einer internationalen Geberkonferenz in Genf den Taliban eine Milliarde Euro zur Abwendung einer humanitären Katastrophe im Land zugesagt. Die Taliban versprachen, dass diese Hilfe die Bedürftigen auch erreicht. Ob das tatsächlich geschah, kann nicht überprüft werden. Die Taliban-Regierung setzte vor allem auf China und sah Afghanistan als Teil der „Neuen Seidenstraße" Pekings. Die Volksrepublik erhielt Abbaurechte für eine der größten Kupferminen in der Nähe von Kabul. Chinas Rohstoffinteressen könnte Afghanistan in Zukunft die Investitionen bringen, die es für eine gedeihlichere Entwicklung braucht. Doch wie hoch wird der Preis dafür sein? Nach Engländern, Russen, der NATO versucht nun mit China eine weitere Großmacht in Afghanistan ihr Glück.

Bilanz

Zwischen 2001 und 2021 waren deutsche Soldaten als Teil zweier internationaler Missionen – zunächst ISAF, dann Resolute Support – in Afghanistan. Der Afghanistan-Einsatz gilt als Einschnitt in der Außen-, Sicherheits- und Entwicklungspolitik Deutschlands – und als gescheitert. Afghanistan wurde weder demokratisiert noch wirtschaftlich entwickelt, im Gegenteil. Dass derzeit von afghanischem Boden kein Terrorismus mehr ausgeht, ist das einzig greifbare positive Ergebnis – aber um welchen Preis wurde dies erreicht? Und wie lange wird die vermeintliche Ruhe, die in Afghanistan die Ruhe eines Friedhofs ist, andauern? Für einen kurzen Moment in seiner Geschichte, nicht einmal für die Dauer einer Generation, kostete eine kleine, westlich orientierte Schicht innerhalb der afghanischen Gesellschaft von den Früchten der Freiheit – aber dies nur aufgrund eines beispiellosen militärischen und finanziellen Einsatzes Dutzender Nationen. Nach diesem Kraftakt fiel das Land 2021 wieder in die archaische Umnachtung, aus der es kam.

Schon ein Jahr nach dem Abzug der westlichen Truppen stießen die Chinesen in die entstandene Lücke. Während der Westen praktisch alle Verbindungen zu dem Land, das er einst zu einer Demokratie entwickeln wollte, kappte, trat Peking das zerrüttete Erbe an und profitiert nun von der eingetretenen Situation. Afghanistan ist reich an Bodenschätzen, für die sich die Chinesen interessieren: Kupfer, Kobalt, Gold, Beryllium, Lithium, Diamanten, Seltene Erden und einiges mehr. Die USA hatten 2010 die im Boden liegenden Schätze auf einen Wert von 2,6 Billionen Dollar taxiert, wobei sie aber lediglich ein Drittel des afghanischen Territoriums betrachteten. Afghanistan passt aufgrund seiner geografischen Lage gut in die expansionistische chinesische Wirtschaftspolitik, die unter dem Claim ‚Neue Seidenstraße‘ großzügig Kredite vergibt, die an Peking gebundenen Länder rücksichtslos ausbeutet und die sich um Menschenrechte und die Lage der Bevölkerung nicht schert.

Um die ist es im neuen Afghanistan so schlecht bestellt, wie in nur wenigen Ländern der Erde. In kürzester Zeit höhlten die Taliban die Wirtschaft aus, was zu einer Hungersnot führte. Nach Angaben des World Food Programme waren 2023 zwei Drittel der Afghanen auf humanitäre Hilfe angewiesen.[127] Von der Diktatur der Taliban sind besonders die afghanischen Frauen betroffen. Sie erleben seit dem Abzug der westlichen Truppen eine dramatische Verschlechterung ihrer Situation.[128]

---

[127] Vgl. https://news.un.org/en/story/2023/03/1134722
[128] So erließen die Taliban zahlreiche Verbote, die Frauen und Mädchen daran hindern, ihre grundlegenden Rechte auf Meinungsäußerung, Freiheit, Arbeit und Bildung wahrzunehmen.

Der UNHCR schätzt die Zahl der Binnenflüchtlinge seit der Machtübernahme der Taliban auf 3,25 Millionen.[129] Noch mehr afghanische Flüchtlinge leben im Ausland – allein im Nachbarland Iran sollen es laut UNHCR 3,4 Millionen sein. Vor der Rückkehr der Taliban waren es weniger als eine Million. Die Zahl der Asylanträge von Afghanen in Deutschland ist seit 2021 deutlich angestiegen. Insgesamt leben 420.000 Afghanen in der Bundesrepublik. 24.800 ehemalige Ortskräfte der Bundeswehr oder anderer deutscher Organisationen sowie weitere 15.800 Gefährdete haben von der Bundesregierung eine Aufnahmezusage erhalten.[130] Deutschland ist das Land in der EU, das die meisten Afghanen aufgenommen hat. Nie zuvor lebten in Deutschland mehr Afghanen als nach dem Scheitern des westlichen Engagements in dem Land.

Dieser deutsche Einsatz stand zunächst unter der Prämisse einer Stabilisierungsmission, die nicht lange dauern sollte. Für Deutschland weitete sich die Beteiligung an der ISAF-Mission aber schnell zum größten Einsatz in der Geschichte der Bundeswehr aus, für den Westen zum längsten Krieg der Jetztzeit – mit mehr als 3.000 gefallenen NATO-Soldaten, 70.000 toten afghanischen Sicherheitskräften, 100.000 getöteten Zivilisten und einer Billion Dollar Kosten allein für das Militär. Zählt man die zivilen Hilfsgelder hinzu, kommt eine weitere Billion Dollar hinzu.[131]

Erstmals seit Aufstellung der Bundeswehr 1955 gerieten deutsche Soldaten in schwerere Gefechte. Jahrzehntelang hatte die Bundeswehr den Krieg nur geübt, nun lernte eine neue Soldatengeneration, was es bedeutet, kämpfen zu müssen – in einem Krieg, der lange in der Heimat nicht so genannt werden durfte. Deutschland zahlte für diesen Krieg einen hohen Preis: 59 Bundeswehrsoldaten verloren ihr Leben, 35 von ihnen fielen durch Fremdeinwirkung. Seit langem registriert die Bundeswehr bei Afghanistan-Veteranen Jahr für Jahr eine dreistellige Zahl von Neuerkrankungen am Posttraumatischen

---

Frauen, die für ihre Rechte öffentlich eintreten, werden bedroht, verhaftet und gefoltert. Konkret wurde die Bewegungsfreiheit von Frauen beschränkt; sie dürfen in der Öffentlichkeit nur unterwegs sein, wenn sie von einem männlichen Verwandten begleitet werden. Das Haus verlassen dürfen sie nur zu dringenden Besorgungen und vollständig verschleiert. Die Zahl zwangsverheirateter Mädchen stieg nach dem Sieg der Taliban an. Weiterführende Schulen für Frauen wurden geschlossen, auch studieren dürfen Frauen nicht mehr. Die Möglichkeiten zur Berufsausübung wurden stark eingeschränkt. Die Berufsverbote für Frauen stürzen immer mehr Familien in die Armut. Eine politische Beteiligung von Frauen ist im Taliban-Afghanistan nicht vorgesehen.

[129] Vgl. https://data2.unhcr.org/en/documents/details/100884

[130] Vgl. https://mediendienst-integration.de/migration/flucht-asyl/afghanische-fluechtlinge.html

[131] Vgl. https://www.focus.de/politik/ausland/20-jahre-afghanistan-mission-die-bilanz-ist-ein- desaster _id_14213913.html

Belastungssyndrom (PTBS). Erwartet wird, dass dies noch lange weitergehen wird, da sich diese psychische Erkrankung oft erst zeitverzögert manifestiert. Insgesamt sammelten 93.000 deutsche Soldaten in Afghanistan Einsatzerfahrungen. Bis zu 5.350 Bundeswehrangehörige waren zu ISAF-Zeiten gleichzeitig in dem zentralasiatischen Land stationiert. Der gesamte Afghanistan-Einsatz der Bundeswehr kostete den deutschen Steuerzahler etwa zwölf Milliarden Euro. Weitere rund sechs Milliarden Euro flossen an ziviler Aufbauhilfe aus Deutschland nach Afghanistan.

Die Beteiligung an der ISAF-Mission gab Anstoß für den grundlegenden Wandel der Bundeswehr von einer Verteidigungsarmee zu einer Einsatzarmee. Afghanistan war der Schwerpunkt einer gut 30 Jahre dauernden Epoche in der deutschen Sicherheitspolitik, in der Auslandseinsätze den Aufgabenschwerpunkt der Bundeswehr bildeten. Sie ging mit dem Afghanistan-Einsatz zu Ende, mit einem Epilog 2023 beim ebenfalls erfolglos abgeschlossenen Mali-Einsatz. Seitdem sind deutsche Soldaten außerhalb des NATO-Territoriums nur noch in höchstens jeweils maximal dreistelliger Zahl vertreten. Damit kehrt die Bundeswehr zu ihrem grundgesetzlich postulierten Auftrag zurück. Im Grundgesetz ist die Aufstellung von Streitkräften zur Landesverteidigung vorgesehen, nicht aber zur Friedensschaffung zwischen verfeindeten zentralasiatischen Stämmen. Der Grund für die Besinnung auf die Kernaufgabe der Bundeswehr war der völkerrechtswidrige Krieg Russlands gegen die Ukraine, der am 24. Februar 2022 begann.

Gekennzeichnet ist die Epoche der Auslandseinsätze von einer Vernachlässigung der Bundeswehr auf allen Ebenen. Die Truppe sollte entfernten Weltregionen Frieden bringen, aber sie war dafür weder qualitativ passend noch quantitativ ausreichend ausgestattet. Unterfinanziert, schlecht ausgerüstet, mit schwachem Rückhalt in der Politik und in der Gesellschaft wurde die Bundeswehr in Deutschland in den Jahren der Kanzlerschaft von Angela Merkel (CDU) an den Rand gedrängt. Die De-facto-Abschaffung der Wehrpflicht 2011 tat ein Übriges, um vor dem Hintergrund einer vorherrschend pazifistischen Grundhaltung der Deutschen die Truppe von der Gesellschaft zu entkoppeln. Die Bundeswehr fand nach dem Kalten Krieg eine neue Existenzberechtigung in Einsätzen wie auf dem Balkan, in Afghanistan oder am Horn von Afrika. Aber sie war damit auch weit weg von der deutschen Öffentlichkeit. Deutschland unterlag in Afghanistan über lange Zeit einem Selbstbetrug und einer Realitätsverweigerung. Die Zustimmung zum Afghanistan-Einsatz schwand in der Bevölkerung von Jahr zu Jahr. Dass Deutschlands Freiheit am Hindukusch verteidigt werden würde, war für die meisten Deutschen nicht plausibel.

Der Afghanistan-Einsatz der internationalen Gemeinschaft hatte zu keinem

Zeitpunkt Aussicht auf Erfolg. Der Westen traf auf eine Kultur, die ihm fremd war und die er nicht verstand. Das Land nach westlichen Vorstellungen entwickeln zu wollen, war naiv. Die wenigen Erfolge, die es gab, waren nicht nachhaltig. Auch die Arbeit von mehr als 1.100 westlichen Hilfsorganisationen änderte nichts daran, dass Afghanistan nie im 21. Jahrhundert ankam. Durch die westliche Unterstützung floss Geld ins Land, von dem im Wesentlichen nur eine Elite profitierte und von dem ein großer Teil durch Korruption versickerte.

Sie blieb bis zum Schluss eines der größten Hemmnisse beim Aufbau eines funktionierenden Staatswesens. Die Justiz galt in Afghanistan als korruptester Sektor. Rechtsstaatliche Strukturen standen nur auf dem Papier. Innerhalb der afghanischen Sicherheitsstrukturen bereicherten sich Vorgesetzte am Sold ihrer Untergebenen oder von Geistersoldaten und -polizisten, die nur auf dem Papier standen. Die Soldaten, die tatsächlich Dienst taten, waren demotiviert, weil sie weder angemessen bezahlt noch richtig geführt wurden. Das Gefühl, im Stich gelassen zu sein, führte am Ende dazu, dass der Widerstand der afghanischen Armee innerhalb weniger Tage in sich zusammenfiel. Die einheimischen Soldaten und Polizisten hatten überhaupt keinen Anreiz, sich den heranrückenden Taliban entgegenzustellen. In einer nüchternen Kosten-Nutzen-Rechnung wogen sie ab, was ihnen mehr bringen würde – kämpfen oder fliehen – und entschieden sich für Letzteres.

Das Parlament war wegen des Verbots parteigestützter Fraktionen zersplittert und nicht in der Lage, die Regierung zu kontrollieren. Angesichts des korruptionsbedingten Ausfalls der Judikative wirkte sich dieser Umstand besonders fatal aus. Dies umso mehr, als Wahlergebnisse nur den Willen eines Bruchteils der Bevölkerung widerspiegelten, da nur eine Minderheit der Afghanen als Wähler registriert war. Das dysfunktionale politische System konnte seine grundlegenden Aufgaben – Sicherheit, Bildung, Zugang zu unabhängiger Rechtsprechung, soziale Teilhabe – nicht oder nur sehr eingeschränkt erfüllen.

Ebenso wie der Versuch, im Irak ein liberales Gesellschaftssystem zu etablieren, ist dieses Vorhaben des Westens auch in Afghanistan gescheitert. In dem vormodernen Land, dessen Bevölkerung sich aus Stämmen zusammensetzt, sich aber kaum als Nation versteht, haben die verschiedenen Gruppen nie ein gemeinsames Ziel verfolgt. Der fehlende Zusammenhalt der afghanischen Gesellschaft ist einer der vielen Gründe, warum das *statebuilding* nach westlichem Vorbild scheitern musste.

Doch es gab auch andere Gründe, die der Westen selbst zu verantworten hatte. Einer liegt in der Tatsache, dass die Taliban zur Petersbergkonferenz 2001 nicht eingeladen wurden und somit vom Aufbauprozess ausgeschlossen waren. In dieser verfehlten Weichenstellung war die erneute Machtübernahme durch die Taliban 20 Jahre später bereits angelegt. Auch die Aufarbeitung von Kriegsverbrechen seit den 1980er Jahren war auf dem Petersberg kein Thema; eine solche Aufarbeitung aber wäre notwendig gewesen, um einen Versöhnungsprozess innerhalb der afghanischen Gesellschaft in Gang zu setzen. Es bewegte sich nicht nur nichts in diese Richtung, sondern schlimmer noch: 2008 beschloss das afghanische Parlament eine Amnestie für Kriegsverbrechen in der Vergangenheit. Der Westen ließ es geschehen.

Zudem unterlag die Statebuilding-Komponente des Bundeswehreinsatzes einer partiellen Blindheit: Unter den Reformpartnern Deutschlands in Afghanistan waren liberale Diaspora-Eliten überdurchschnittlich stark vertreten, während die konservativ-religiöse Mehrheitsgesellschaft bei den Überlegungen zum Wiederaufbau Afghanistans weitgehend ausgeklammert war. Anders ausgedrückt: Deutschland malte sich über die Elite seiner afghanischen Partner die Situation im Land und die Potenziale einer Demokratisierung schön. An der Blauäugigkeit, sich die Welt so zu denken, wie man sie gerne hätte, wie sie aber nicht ist, musste das deutsche Engagement scheitern. Militärische Ertüchtigung kann eine gute Regierungsführung eben nicht erzwingen und schon gar nicht ersetzen. Das Land muss den Wandel schon auch wollen. Dass dies so war, war eine der entscheidenden Illusionen, der sich die Bundesregierung hingab.

Die Taliban, die sich seit 2003 reorganisierten und sich auf die Rückeroberung der Macht vorbereiteten, sahen sich durch die Zusammenarbeit der westlichen Staaten mit einem korrupten und selbstbezogenen Regierungsapparat legitimiert für ihren Kampf. Je länger sich die Afghanen einer politischen Elite gegenübersahen, die sich um ihre Anliegen nicht kümmerte, desto mehr verblasste die Erinnerung an die zurückliegende Schreckensherrschaft der Taliban, desto weniger Widerstand setzten die Menschen den eingesickerten Taliban in ihren Dörfern, Kleinstädten und Provinzen entgegen. Dass die Aufständischen eine breite Ablehnung erfahren hätten, ist nicht belegt.

Im Nachhinein zeigt sich, wie sehr die Bundesregierung unter Angela Merkel der deutschen Öffentlichkeit ein unrealistisch optimistisches Bild von der Entwicklung in Afghanistan zeichnete. Die Enquetekommission und der Afghanistan-Untersuchungsausschuss des Bundestages nehmen die Vorgänge in dem Land seit 2022 unter die Lupe. Dabei wurde deutlich, dass die damaligen Bundesregierungen der Öffentlichkeit ihre wahren Lagebeurteilungen vorenthalten haben. Deutschland war gewiss mit dem ehrlichen Wunsch nach Afghanistan gegangen, das Land wiederaufzubauen. Doch stellte sich dieses Ziel alsbald als vollkommen illusorisch dar. Warum die Bundesregierung, die das erkannte, nicht die Konsequenzen zog und den Bundeswehreinsatz nicht frühzeitig beendete, hatte einen einzigen Grund: Bündnissolidarität.

Der ehemalige Verteidigungsminister Thomas de Maizière erklärte im Sommer 2023 mit bemerkenswerter Offenheit vor der Enquetekommission: „Hätten wir gesagt, wir gehen da raus, weil wir keinen Einsatz sehen, hätten wir ein massives Bündnisproblem gehabt."[132] Statt der Öffentlichkeit reinen Wein einzuschenken, schob man Themen wie Bildung, Frauen und Menschenrechte als Begründung für den Einsatz der Bundeswehr vor. Aber selbst auf diesen weichen Feldern sah der Bundesnachrichtendienst keine Fortschritte. Nach Erinnerung des damaligen BND-Präsidenten Gerhard Schindler war in Afghanistan einfach „alles schlecht", nur der Rauschgifthandel habe geblüht.[133] Die Lageberichte des Dienstes lagen vor, aber in der Regierung verschloss man die Augen.

Die Bundeswehr war im Übrigen nicht in der Lage, ihren Auftrag eigenständig zu erfüllen. Deutsche Soldaten wurden oft aus gefährlichen Situationen gerettet, weil britische oder amerikanische Kameraden sie dort herausholten. So sehr es auch in Wahrheit um Bündnissolidarität ging, so wenig überzeugend war der deutsche Beitrag in den Augen der Verbündeten, weil die Bundeswehr deutscher Befindlichkeiten wegen – Bürokratie, moralische Haltungen usw. – weder robust genug ausgestattet war noch robust genug vorging. Die Professionalität und die Tapferkeit deutscher Soldaten im Karfreitagsgefecht oder bei zahllosen militärischen Operationen gegen die Aufständischen bleiben von dieser Feststellung unberührt.

Aus dem folgenschweren Afghanistan-Einsatz entwickelte sich eine Veteranenbewegung, wie sie die Bundeswehr zuvor nicht kannte. Die neuen Veteranen waren keine alten Männer anderer Nationen, die man in den Fernsehnachrichten an Gedenktagen wie dem Beginn der Invasion in der Normandie 1944 sah. Die neuen Veteranen in Deutschland waren die jungen Heimkehrer aus Afghanistan, zum Teil an Leib oder Seele verwundet. Viele leiden auch noch Jahre nach ihrem Einsatz an den Folgen. 2010 gründete sich der Bund Deutscher Einsatzveteranen, der es sich zur Aufgabe gemacht hat, Einsatzveteranen der Bundeswehr und deren Familien und Hinterbliebene zu unterstützen und zu betreuen. Einsatzveteranen werden definiert als Soldaten, die im Ausland an humanitären, friedensstiftenden oder friedenserhaltenden Einsätzen teilgenommen haben. Diese Veteranen kämpfen bis heute um echte Anerkennung und Würdigung. Die Bundesrepublik ist weit von einer Veteranenkultur entfernt, wie es sie in anderen NATO-Ländern gibt, wo ehemalige Soldaten hohe öffentliche Anerkennung finden und Vergünstigungen

---

¹³² Vgl. Jochen Buchsteiner: Schönfärberei, in: FAS vom 9.7.2023
¹³³ Vgl. ebda.

genießen. Deutschland hat mit dem Thema Afghanistan-Einsatz abgeschlossen. Die Folgen für den Einzelnen interessieren hierzulande die Öffentlichkeit kaum. Immerhin tragen Veranstaltungen wie die Invictus Games im September 2023 in Düsseldorf dazu bei, die Versehrten aus dem Afghanistankrieg und der anderen Auslandseinsätze nicht zu vergessen, von denen sich viele durch enorme Anstrengungen und – nicht nur sportliche – Leistungen in ein halbwegs normales Leben zurückgekämpft haben.

Im Übrigen weitete die Politik den Veteranenbegriff aus. Nach jahrelangem Streit einigten sich das Verteidigungsministerium, der Bundeswehrverband und der Reservistenverband 2018 auf eine gemeinsame Definition. Demnach ist Veteran, wer entweder aktiver Soldat ist oder bei der Bundeswehr gedient hat und nicht unehrenhaft entlassen wurde. Damit ist die Bezeichnung nicht an Dienstzeitlänge oder Funktion gebunden. Auch ein Auslandseinsatz ist keine Bedingung. Die Zahl der derart definierten Veteranen beläuft sich nach Angaben des Verteidigungsministeriums auf zehn Millionen Männer und Frauen.

Der Afghanistan-Einsatz hat auch die Gedenkkultur der Bundeswehr verändert. 3.377 Bundeswehr-Soldaten haben in Ausübung ihres Dienstes zwischen 1955 und 2023 ihr Leben verloren. Ein kleiner Teil von ihnen fiel in Kampfeinsätzen, vor allem in Afghanistan. Die Bundeswehr tat sich lange schwer mit dem Gedenken an ihre Getöteten und Gefallenen. Und der Gesellschaft scheinen die Toten bis heute gänzlich egal zu sein. Von einer regelrechten institutionellen Amnesie ist die Rede. Kein Geringerer als Generalleutnant Wolf Graf Baudissin, der Begründer der Inneren Führung und einer der maßgeblichen Männer beim Aufbau der Bundeswehr, hatte das Thema schon zu Beginn der Bundeswehrgeschichte klein geredet, indem er befand, dass der Soldatentod eine reine Nebenfolge des soldatischen Auftrags sei. Diese Haltung änderte sich erst mit dem Afghanistan-Einsatz.

Es war vor allem eine diffuse Angst vor einem „Heldengedenken", das im postheroischen Zeitalter, in dem wir in Deutschland leben, eine Gedenkkultur, die diesen Namen verdient, verhinderte. Als es darum ging, einen Platz in Bielefeld nach dem im Karfreitagsgefecht bei Kunduz 2010 gefallenen Hauptgefreiten Martin Augustyniak zu benennen, wurde das von der örtlichen SPD zunächst abgelehnt. Begründung: Man wolle keine Kultstätte für Helden schaffen und nicht die falschen Leute anziehen. Seit dem 1. Oktober 2020 heißt eine unscheinbare Wiese im Bielefelder Stadtteil Brackwede nun doch Martin-Augustyniak-Platz.

In Stadtallendorf wurde eine Straße nach Hauptmann Markus Matthes benannt, der 2011 in Afghanistan durch eine Sprengfalle ums Leben kam. Zwei Kasernen tragen die Namen von Bundeswehr-Gefallenen: die Major-Radloff-

Kaserne in Weiden in der Oberpfalz und die Hauptfeldwebel-Lagenstein-Kaserne in Hannover. In Augustdorf wurde ein Lehrsaalgebäude nach Alexej Kobelew benannt. Sie alle ließen ihr Leben in Afghanistan. Ihre Namen fügen sich in eine noch junge Gedenkkultur ein, in der die Bundeswehr Bezüge für ihr Traditionsverständnis vor allem in der eigenen Geschichte findet. Der Traditionserlass von 2018 hebt denn auch diese eigene, inzwischen fast 70-jährige Geschichte der Bundeswehr hervor. Die Gefallenen, nach denen Gebäude, Kasernen und Straßen benannt werden, sind für die heutige Soldatengeneration Vorbilder – nicht nur, weil sie tapfer gekämpft haben, sondern auch, weil sie Menschlichkeit bewiesen haben. So wie Martin Augustyniak, der im Gefecht trotz eigener Verwundung versucht hat, Kameraden zu retten.

Auf dem Hinterhof des Bendlerblocks in Berlin, Sitz des Verteidigungsministeriums, gibt es seit 2009 ein Ehrenmal der Bundeswehr. Ergänzt wird es durch den „Wald der Erinnerung" auf dem Gelände des Einsatzführungskommandos in Schwielowsee bei Potsdam, wo die Ehrenhaine aus Afghanistan wieder aufgebaut wurden – beides Orte des stillen Gedenkens, aber auch der Information. Jedes Jahr gibt es zudem den „Marsch zum Gedenken". Soldaten marschieren dabei seit 2018 eine Strecke von 116 Kilometern, die für die 116 in Auslandseinsätzen Gefallenen steht, plus weitere 3.377 Meter für die 3.377 Bundeswehr-Soldaten, die in Ausübung ihres Dienstes ihr Leben verloren haben. Jeder Marschierer trägt das Namensband eines Toten oder Gefallenen. Am Brandenburger Tor trifft die Marschkolonne auf die Hinterbliebenen. Am Ehrenmal werden Kränze niedergelegt, und man gedenkt der Toten. Das Ganze geschieht allerdings unter äußerst geringer Medienresonanz. Insgesamt ist die militärische Gedenkkultur in der deutschen Gesellschaft – anders als etwa in Frankreich, Großbritannien oder den USA – (noch) nicht verankert.

Die Diskussion um die 20 Jahre in Afghanistan setzte unmittelbar nach dem Ende des Bundeswehreinsatzes ein. Sie hält bis heute an. Im Bundestags-Untersuchungsausschuss und in der Enquetekommission fand sie ihren Höhepunkt. Jedes Jahr Ende August erinnern die Medien an das katastrophale Ende des internationalen Engagements am Hindukusch. Der Afghanistan-Experte und frühere grüne Bundestagsabgeordnete Winfried Nachtwei fällte schon im Oktober 2021 auf einer Veranstaltung des BMVg ein harsches Urteil: „Der teuerste, opferreichste Kriseneinsatz der – vor allem westlichen – Staatengemeinschaft verfehlte zentrale strategische Ziele". Der Abbruch des Einsatzes sei „der Gipfel an internationaler Verantwortungslosigkeit" gewesen, so Nachtwei. „Knackpunkt unseres Scheiterns war ein kollektives politisches Führungsversagen in vielen Hauptstädten."[134]

Wenn Deutschland eine Lehre aus dem vergeblichen Krieg in Afghanistan ziehen wollte, dann diese: Einsatzziele müssen realistisch, erreichbar und klar definiert sein, und die nötigen Mittel zur Erreichung dieser Ziele müssen bereitgestellt werden. Noch besser wäre es, wenn sich Bundesregierung und Bundestag darüber im Klaren werden, ob ein Einsatz wie in Afghanistan überhaupt sinnvoll ist.

Aus dem Traum, die westliche Demokratie in entfernteste Weltgegenden zu exportieren, ist Deutschland nach dem Afghanistan-Desaster hoffentlich aufgewacht. Eine unrealistische Lagebeurteilung bei einem zu hohen moralischen Anspruch: Das gab es nicht nur in Afghanistan, sondern das gibt es auch heute noch bei vielen Themen. Man wünschte sich als Lehre aus Afghanistan von der deutschen Politik mehr Pragmatismus – und weniger Naivität.

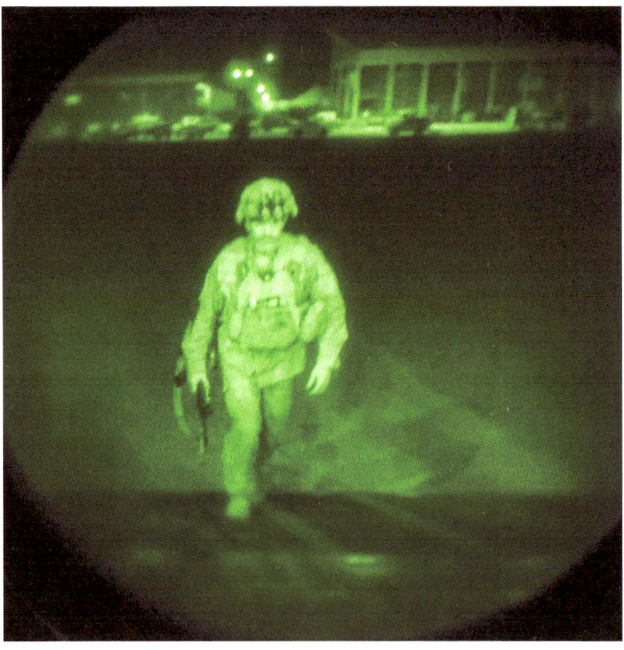

Das Bild durch ein Nachtsichtgerät zeigt den amerikanischen Generalmajor Chris Donahue, Befehlshaber der 82. Airborne Division am Flughafen Kabul. Donahue war der letzte westliche Soldat, der am 31. August 2021 Afghanistan verließ.   *Foto: Imago*

---

[134] Vgl. https://www.bmvg.de/de/aktuelles/afghanistan-debatte-politische-und-militaerische-lehren-ziehen-5225388

Chronologie

2001

11. September 2001	Bei einem islamistischen Terroranschlag auf das World Trade Center rasen zwei Flugzeuge in die New Yorker Twin Towers. Es sterben 2.977 Menschen aus 92 Ländern sowie 19 Selbstmordattentäter. Ein weiteres rast in das Pentagon.
	In Afghanistan wird der Anführer der Nordallianz und afghanische Verteidigungsminister, Ahmad Shah Massoud, von zwei Al-Qaida-Terroristen ermordet.
12. September 2001	Der UN-Sicherheitsrat stuft den Angriff auf die USA vom Vortag als „Bedrohung des Weltfriedens und der internationalen Sicherheit" ein. Bundeskanzler Gerhard Schröder (SPD) sichert Washington „uneingeschränkte Solidarität" zu.
16. September 2001	Als Reaktion auf den Anschlag vom 11. September kündigt US-Präsident George W. Bush einen „Krieg gegen den Terror" an.
18. September 2001	Der US-Kongress ermächtigt den Präsidenten zum Einsatz militärischer Gewalt gegen Terroristen.
4. Oktober 2001	Die NATO beschließt erstmals in ihrer Geschichte den Bündnisfall nach Artikel V des Nordatlantikvertrags.
7. Oktober 2001	Die USA beginnen nach Ablauf eines Ultimatums an die Taliban, den Anführer Al-Qaidas, Osama bin Laden, auszuliefern, mit Luftangriffen auf Afghanistan den Krieg gegen den Terror. Sie werden dabei von Großbritannien unterstützt.

7. Oktober 2001	Beginn der Operation Enduring Freedom (OEF).
19./20. Oktober 2001	In einer ersten größeren Bodenoperation nehmen US-Soldaten den Flugplatz von Kandahar ein.
9. November 2001	Masar-e Scharif wird als erste Stadt von der Taliban-Herrschaft befreit.
11. November 2001	Die Nordallianz nimmt Kabul ein.
13. November 2001	Burhanuddin Rabani wird Staatspräsident von Afghanistan.
16. November 2001	Bundeskanzler Gerhard Schröder stellt die Vertrauensfrage. Zum ersten Mal geschieht dies in Verknüpfung mit einer Sachfrage: dem Antrag der Bundesregierung auf Entsendung deutscher Streitkräfte in die OEF.
27. November 2001	Beginn der Afghanistan-Konferenz auf dem Bonner Petersberg auf Grundlage der UN-Resolution 1378.
5. Dezember 2001	Ende der Petersberg-Konferenz mit einem Übereinkommen über vorläufige Regelungen in Afghanistan bis zur Wiederherstellung dauerhafter staatlicher Institutionen. Verkündung einer Interimsregierung unter Hamid Karzai.
7. Dezember 2001	Die Taliban-Hochburg Kandahar wird befreit. Taliban-Anführer Mullah Omar kann fliehen.
12.-17. Dezember 2001	Schlacht um Tora Bora. Der Versuch, Osama bin Laden festzunehmen, misslingt. Er kann sich nach Pakistan absetzen.

| 20. Dezember 2001 | Mit der Resolution 1386 macht der UN-Sicherheitsrat den Weg für die ISAF-Mission frei (International Security Assistance Force). |

| 22. Dezember 2001 | Der Bundestag beschließt eine deutsche Beteiligung an der ISAF-Truppe. |

2002

| Januar 2002 | Ein Vorauskommando der ISAF, gestellt durch deutsche, dänische und niederländische Soldaten und geführt vom deutschen Brigadegeneral Carl-Hubertus von Butler, nimmt seinen Dienst in Kabul auf. |

| 14. Januar 2002 | Erstmals patrouillieren Soldaten der Bundeswehr durch Kabul. Sie werden von afghanischen Polizisten begleitet. |

| 1.-18. März 2002 | Teilnahme der Bundeswehr an der US-geführten Operation Anaconda. |

| 6. März 2002 | Bei der missglückten Entschärfung einer russischen Boden-Luft-Rakete sterben Oberfeldwebel Thomas Kochert (29) und Oberfeldwebel Mike Rubel (27) von der Kampfmittelbeseitigungskompanie 11 sowie drei dänische Soldaten. Es sind die ersten Toten, die die Bundeswehr in Afghanistan zu beklagen hat. |

| 12.-19. Juni 2002 | Eine Loja Dschirga bestimmt Hamid Karzai zum Präsidenten einer afghanischen Übergangsregierung. |

| 19. Juli 2002 | Ende der Amtszeit von Verteidigungsminister Rudolf Scharping (SPD). Beginn der Amtszeit von Verteidigungsminister Peter Struck (SPD). |

November 2022   Das US-Militär schafft eine Struktur für zivil-militärische Angelegenheiten, um den Wiederaufbau mit Vereinten Nationen und Nichtregierungs-organisationen zu koordinieren, sogenannte Provincial Reconstruction Teams (PRT).

4. Dezember 2002   Verteidigungsminister Peter Struck (SPD) sagt: „Die Sicherheit Deutschlands wird auch am Hindukusch verteidigt."

21. Dezember 2002   Beim Landeanflug auf Kabul stürzt ein deutscher Militärhubschrauber vom Typ CH-53 aufgrund eines technischen Defekts ab. Es sterben Hauptmann Friedrich Deininger (53), Hauptfeldwebel Thomas Schiebel (28) und Hauptgefreiter Enrico Schmidt (24) vom Heeresfliegerregiment 25, ferner Oberleutnant Uwe Vierling (31), Hauptfeldwebel Heinz-Ullrich Hewußt (41) und Hauptfeldwebel Bernhard Kaiser (46) vom Heeresfliegerregiment 15 sowie Stabsunteroffizier Frank Ehrlich (29) von der Technischen Schule der Luftwaffe 3.

2003

20. März 2003   Hauptmann Holger Nippus (47), Stab des Deutsch-Niederländischen Korps, verstirbt unter nicht näher bekannten Umständen in Kabul.

20. März 2003   Die amerikanische Intervention im Irak beginnt.

16. April 2003   Auf Antrag von Deutschland, Kanada und den Niederlanden beschließt die NATO, die Führung der ISAF-Mission in Afghanistan zu übernehmen.

1. Mai 2003   „Mission-erfüllt"-Rede von US-Präsident George W. Bush auf dem Flugzeugträger Abraham Lincoln.

17. Mai 2003

Major Alexander Julius Hofert (33), Jagdbombergeschwader 33, verstirbt unter nicht näher bekannten Umständen in Afghanistan.

29. Mai 2003

Stabsgefreiter Stefan Kamins (24), Amt für Geoinformationswesen, fährt südlich von Kabul mit seinem Fahrzeug auf eine Landmine und stirbt. Es ist das erste Mal, dass ein Bundeswehrangehöriger in Afghanistan durch Fremdeinwirkung ums Leben kommt.

7. Juni 2003

Erster Selbstmordanschlag auf die Bundeswehr im Einsatz: In einem Bus auf dem Weg zum Flughafen Kabul sterben Oberfähnrich Andrejas Beljo (28), Fernmeldeaufklärungsregiment 940, Oberfeldwebel Carsten Kühlmorgen (32), Fernmelderegiment 320, Feldwebel Helmi Jimenez-Paradies (29), Fernmelderegiment 320 und Stabsunteroffizier Jörg Baasch (25), Fernmelderegiment 940. 29 Soldaten werden verletzt, einige von ihnen schwer.

13. Oktober 2003

Die NATO übernimmt die Führung der ISAF. Zuvor war im UN-Sicherheitsrat die Entscheidung gefallen, die Zuständigkeit von ISAF auf ganz Afghanistan auszudehnen.

24. Oktober 2003

Der Bundestag beschließt die Ausweitung des ISAF-Einsatzes der Bundeswehr auf die nordafghanische Region Kunduz.

25. Oktober 2003

27 Bundeswehrsoldaten treffen in Kunduz ein, um die Errichtung eines Provincial Reconstruction Teams (PRT) vorzubereiten. Deutschland übernimmt damit als eine der ersten ISAF-Nationen weitere Verantwortung für den Wiederaufbau Afghanistans.

2004

26. Januar 2004	Afghanistan gibt sich eine neue Verfassung, die weitgehend als Präsidialverfassung angesehen werden kann. Laut Artikel 3 darf kein Gesetz „im Widerspruch zu den Grundlagen des Islam" stehen.
30. Januar 2004	In Taloqan, 30 Kilometer östlich von Kunduz, wird eine Außenstelle des PRT Kunduz eröffnet. Das Provincial Advisory Team soll die zivil-militärische Zusammenarbeit und den Wiederaufbau in der Provinz Tachar unterstützen. Bis zu 40 Bundeswehrsoldaten sind dort im Einsatz.
31. März/1. April 2004	Afghanistan-Konferenz in Berlin. Das Land erhält internationale Hilfszusagen in Höhe von 7,4 Milliarden Dollar.
1. September 2004	In der nordöstlichen Provinzhauptstadt Faizabad wird ein weiteres von Deutschland geführtes PRT aufgestellt. Vier Monate später bezieht die Bundeswehr das dortige Feldlager.
9. Oktober 2004	Der bisherige Übergangspräsident Hamid Karzai gewinnt die erste Präsidentschaftswahl in der Geschichte Afghanistans. Die Wahlbeteiligung liegt bei 70 bis 75 Prozent der registrierten Wähler.
17. Oktober 2004	Hauptgefreiter Silvio Schattmann (22) stirbt unter nicht näher bekannten Umständen in Kunduz.
29. Oktober 2004	Osama bin Laden übernimmt in einer von Al Jazeera ausgestrahlten Videobotschaft die Verantwortung für die Anschläge vom 11. September 2001.

2005

2005/2006	Die Taliban haben sich im pakistanischen Exil soweit reorganisiert, dass sie in der Lage sind, den bewaffneten Kampf gegen die westlichen Truppen im großen Stil aufzunehmen.
25. Juni 2005	Im 120 Kilometer nordöstlich von Kunduz gelegenen Rustaq sterben Hauptfeldwebel Andreas Heine (37) und Oberfeldwebel Christian Schlotterhose (26) vom Panzergrenadierbataillon 332 in Wesendorf bei der Explosion alter sowjetischer Munition. Drei weitere Soldaten, darunter ein Deutscher, und zwei afghanische Sprachmittler werden verwundet. Womöglich hat es sich um eine Manipulation an der 107-Millimeter-Rakete und somit um einen Anschlag gehandelt. Hintergrund könnten innerafghanische Auseinandersetzungen gewesen sein.
7. August 2005	Hauptgefreiter Boris Nowitzki, Panzerartillerie-Lehrbataillon 345, verstirbt während einer Patrouillenfahrt mit seinem Geländewagen Wolf bei einem Verkehrsunfall südöstlich von Kabul. Zwei weitere deutsche und ein ungarischer Soldat werden verletzt.
August 2005	Brigadegeneral Bernd Kiesheyer wird Kommandeur des deutschen Einsatzkontingents
18. September 2005	Erste Parlamentswahlen seit 36 Jahren. Die Wahlen bilden den Abschluss des Petersberger Prozesses.
28. September 2005	Der Bundestag erhöht die Obergrenze des deutschen Einsatzkontingents auf 3.000 Soldaten. Deutschland übernimmt die Verantwortung für den Wiederaufbau im gesamten Norden Afghanistans.

| 3. November 2005 | In Masar-e Scharif wird symbolisch der Schlüssel für das neue Feldlager übergeben. Damit beginnt der Ausbau von Camp Marmal. Es wird das größte Feldlager außerhalb Deutschlands. Hier entsteht das Hauptquartier der ISAF-Truppen in Nord-Afghanistan. |

| 14. November 2005 | Oberstleutnant d.R. Armin-Harry Franz (44), Feldersatzbataillon 901 Köln, wird bei einem Selbstmordanschlag auf ein deutsches ISAF-Fahrzeug getötet. Zwei weitere Soldaten werden schwer verwundet. |

| 22. November 2005 | Ende der Amtszeit von Verteidigungsminister Peter Struck (SPD). Beginn der Amtszeit von Verteidigungsminister Franz Josef Jung (CDU). |

2006

| April 2006 | Brigadegeneral Markus Kneip wird Kommandeur des deutschen Einsatzkontingents. |

| 1. Juni 2006 | Die Bundeswehr übernimmt das ISAF-Kommando in Nord-Afghanistan. Erster Kommandeur wird Brigadegeneral Markus Kneip. |

| 15. Juli 2006 | Der bisherige Bundeswehr-Stützpunkt Camp Warehouse bei Kabul wird an die Franzosen übergeben. |

| 14. August 2006 | Das erste NATO Operational Mentoring and Liaison Team (OMLT) wird im Regionalen Wiederaufbauteam Kunduz in Dienst gestellt. Der Schwerpunkt des Auftrags liegt in der Ausbildung und Beratung der im Aufbau befindlichen afghanischen Streitkräfte. |

Oktober 2006

Brigadegeneral Volker Barth wird Kommandeur des deutschen Einsatzkontingents.

25. Oktober 2006

Die Bild-Zeitung veröffentlicht Fotos aus den Jahren 2003 oder 2004, die deutsche Soldaten in Afghanistan mit Totenschädeln in der Hand zeigen. Verteidigungsminister Franz Josef Jung (CDU) suspendiert daraufhin zwei Soldaten.

17. Dezember 2006

Oberfeldwebel Christian Kopp (24) vom Panzeraufklärungslehrbataillon stirbt bei einem Munitionsunfall bei Kabul.

2007

Februar 2007

Brigadegeneral Josef Blotz wird Kommandeur des deutschen Einsatzkontingents.

9. März 2007

Der Bundestag stimmt der Entsendung von sechs Aufklärungsflugzeugen vom Typ Tornado nach Afghanistan zu.

2. April 2007

Sechs Recce-Tornados werden nach Masar-e Scharif verlegt. Die Aufklärungsflugzeuge schließen eine Fähigkeitslücke der NATO: Sie sollen mit detaillierten Luftaufnahmen zu einer Verbesserung des Lagebilds beitragen.

19. Mai 2007

Bei einem Selbstmordanschlag auf dem Markt im Stadtzentrum von Kunduz werden Hauptmann d.R. Matthias Standfuß (31), Bundesamt für Wehrverwaltung Bonn, Oberfeldwebel d.R. Michael Diebel (28), Bundeswehr-Dienstleistungszentrum Materialdepot Darmstadt und Oberfeldwebel d.R. Michael Neumann (48), Marinearsenal Kiel, getötet. Zwei Soldaten werden schwer und drei weitere leicht verwundet.

August 2007   Brigadegeneral Dieter Warnecke wird Komman-
                           deur des deutschen Einsatzkontingents.

9. August 2007   Tod eines unbekannten deutschen Soldaten unter
                           unbekannten Umständen.

15. August 2007   Die deutschen Polizisten Mario Keller (39), Jörg
                           Ringel (31) und Alexander Stoffels (35) kommen
                           bei der Sprengung ihres geschützten Fahrzeugs in
                           Kabul ums Leben.

Oktober 2007   Die deutsche Task Force 47 wird im Feldlager
                           Kunduz aufgestellt.

Oktober/Nov. 2007   Operation Harekate Yolo I und II der Bundes-
                           wehr. Erste deutsche Offensivoperation seit dem
                           Zweiten Weltkrieg.

3. November 2007   Bundeskanzlerin Angela Merkel besucht das deut-
                           sche ISAF-Kontingent.

2008

Januar 2008   Brigadegeneral Dieter Dammjacob wird Kom-
                           mandeur des deutschen Einsatzkontingents.

Mai 2008   Operation Kerez mit Beteiligung von 60 deut-
                           schen Soldaten.

1. Juli 2008   Die Bundeswehr stellt erstmals die Quick Reaction
                           Force (QRF) des Regionalkommandos Nord. Auf-
                           trag ist der Schutz und die Unterstützung von
                           ISAF-Truppen.

Juli 2008   Brigadegeneral Jürgen Weigt wird Kommandeur
                           des deutschen Einsatzkontingents.

6. August 2008	Ein Selbstmordattentäter zündet 35 Kilometer südlich von Kunduz neben der Kolonne eines Bergungstrupps der Bundeswehr eine Bombe. Drei Soldaten werden verwundet. Der Stabsgefreite Patric Sauer (24) vom Fallschirmjägerbataillon 263 in Zweibrücken erliegt am 4. Oktober 2009 in Deutschland den Spätfolgen seiner Verletzungen.
27. August 2008	Hauptfeldwebel Mischa Meier (29) vom Fallschirmjägerbataillon 263 in Zweibrücken kommt durch eine Sprengfalle in Chahar Darreh ums Leben.
20. Oktober 2008	Stabsunteroffizier Patrick Behlke (25), Stabsgefreiter Roman Schmidt (22), beide vom Fallschirmjägerbataillon 263, werden bei einem Selbstmordattentat fünf Kilometer südlich von Kunduz getötet. Zwei Soldaten werden schwer verwundet.

2009

Januar 2009	Brigadegeneral Jörg Vollmer wird Kommandeur des deutschen Einsatzkontingents.
11. Februar 2009	Leutnant Alexander Janelt (32) vom Sanitätsregiment 32 in Weißenfels stirbt in Masar-e-Scharif unter ungeklärten Umständen.
29. April 2009	Auf der Rückfahrt ins Feldlager Kunduz gerät eine deutsche Patrouille mit dem Radpanzer Fuchs in einen Hinterhalt. Der Hauptgefreite Sergej Motz (21) vom Jägerbataillon 292 in Donaueschingen wird durch eine feindliche Panzerfaust getötet. Er ist der erste deutsche Soldat seit dem Zweiten Weltkrieg, der in einem Gefecht fällt. Zwei seiner Kameraden werden zum Teil schwer verletzt.

4. Juni 2009	Bundeswehr-Operation Sahda Ehlm gegen Aufständische im Distrikt Chahar Darreh. Zwei deutsche Soldaten werden angeschossen.
15. Juni 2009	US-General Stanley McChrystal wird ISAF-Kommandeur.
23. Juni 2009	Sechs Kilometer südlich des PRT Kunduz wird eine deutsche Patrouille mit Handwaffen und Panzerabwehrwaffen angegriffen. Während des Gefechts kommt ein Radpanzer Fuchs von der Fahrbahn ab und überschlägt sich. Drei deutsche Soldaten werden dabei getötet: Hauptgefreiter Alexander Schleiernick (23) vom Fallschirmjägerbataillon 263 in Zweibrücken sowie die beiden Hauptgefreiten Oleg Meiling (21) und Martin Brunn (23), beide vom Panzergrenadierbataillon 391 in Bad Salzungen. Drei weitere werden verwundet.
Mitte 2009	Die Zustimmung der deutschen Bevölkerung zum Afghanistan-Einsatz kippt dauerhaft ins Negative.
Juli 2009	Operation Oqab der afghanischen Armee mit Beteiligung von 300 Bundeswehr-Soldaten im Distrikt Chahar Darreh. Erstmals setzt die Bundeswehr Mörser und Schützenpanzer ein.
25. Juli 2009	Die Bundeswehr verzichtet künftig auf das Rote Kreuz auf ihren Sanitätsfahrzeugen, da zuvor Sanitätsfahrzeuge angegriffen worden sind.
September 2009	Der scheidende Kommandeur der Bundeswehr in Afghanistan, Brigadegeneral Jörg Vollmer, prangert in seinem 155 Punkte umfassenden „Erfahrungsbericht Einsatz" zahlreiche Mängel in der Ausrüstung und Aufstellung der Bundeswehr an, insbesondere ungeeignete Hubschrauber,

unzureichende Anzahl gepanzerter Fahrzeuge und fehlende Mannstärke.

3. September 2009 — Feuergefecht zwischen Aufständischen und Bundeswehrsoldaten im Distrikt Imam Shahib. Vier deutsche Soldaten werden verwundet.

3./4. September 2009 — Angriff auf zwei von Taliban entführte Tanklastwagen bei Kunduz durch zwei US-Kampfflugzeuge. Den Befehl zur Bombardierung der Fahrzeuge gibt der deutsche Oberst Georg Klein.

6. September 2009 — Die *Washington Post* berichtet von 125 Getöteten bei dem Angriff auf die Tanklaster bei Kunduz. Die Zeitung wirft Oberst Klein schwere Fehler bei der Lageeinschätzung vor.

8. September 2009 — Generalinspekteur Wolfgang Schneiderhan berichtet im Verteidigungsausschuss des Bundestags über den Vorfall bei Kunduz. Wenig später erklärt Schneiderhan, dass die Entscheidung von Oberst Klein Ergebnis einer sorgfältigen Lagebeurteilung gewesen sei.

14. September 2009 — Ein Sprecher des Verteidigungsministeriums stellt fest, dass der Luftangriff aus militärischer Sicht notwendig gewesen sei.

Oktober 2009 — Brigadegeneral Jürgen Setzer wird Kommandeur des deutschen Einsatzkontingents. Oberst Georg Klein beendet turnusmäßig seinen Einsatz in Afghanistan.

20. Oktober 2009 — Zweite Präsidentschaftswahl seit dem Sturz der Taliban. Als Gewinner geht erneut Hamid Karzai aus der Wahl hervor.

28. Oktober 2009	Ende der Amtszeit von Verteidigungsminister Franz Josef Jung (CDU). Beginn der Amtszeit von Verteidigungsminister Karl-Theodor zu Guttenberg (CSU).
3. November 2009	Verteidigungsminister Guttenberg spricht in der BILD-Zeitung von „kriegsähnlichen Zuständen" in Afghanistan.
13. November 2009	Drei Bundeswehr-Hubschrauber werden in der Region Kunduz beschossen. In einem von ihnen sitzt Verteidigungsminister Guttenberg (CSU).
26. November 2009	Infolge der Kunduz-Affäre bittet Generalinspekteur Wolfgang Schneiderhan um seine Entlassung. Der Posten bleibt bis zum 21. Januar 2010 vakant.
	Verteidigungsstaatssekretär Peter Wichert wird im Zusammenhang mit dem Bombardement von Kunduz von seinen Aufgaben entbunden.
30. November 2009	Brigadegeneral Frank Leidenberger wird Kommandeur des deutschen Einsatzkontingents und löst vorzeitig den erkrankten Brigadegeneral Jürgen Setzer ab.
	Der frühere Verteidigungsminister Franz Josef Jung (CDU) legt in Folge der Kunduz-Affäre sein Amt als Bundesarbeitsminister nach 33 Tagen nieder.
3. Dezember 2009	Verteidigungsminister Karl-Theodor zu Guttenberg erklärt das Bombardement von Kunduz als militärisch nicht angemessen.
14. Dezember 2009	300 Bundeswehrsoldaten nehmen zusammen mit afghanischen Kräften an einer Operation im Distrikt Charreh Darreh zur Errichtung eines perma-

nenten Außenpostens auf der Höhe 431 teil. Zwei Soldaten werden verletzt.

14. Dezember 2009	Der Bundestags-Untersuchungsausschuss zur Kunduz-Affäre nimmt seine Arbeit auf.
18. Dezember 2009	Verteidigungsminister Karl-Theodor zu Guttenberg ernennt Volker Wieker zum neuen Generalinspekteur.

2010

1. Januar 2010	Bei einem Neujahrsgottesdienst in der Frauenkirche in Dresden sagt die Ratsvorsitzende der Evangelischen Kirche in Deutschland (EKD), Margot Käßmann: „Nichts ist gut in Afghanistan."
17. Januar 2010	Bundeswehr-Soldaten erschießen in Kunduz einen Afghanen und in der Provinz Helmand einen weiteren Mann. Beide sollen auf Kontrollpunkte zugerast sein.
27. Januar 2010	Operation Gala-e Gorg mit 470 Bundeswehr-Soldaten zur Wiederherstellung der Bewegungsfreiheit der internationalen Truppen. Es handelt sich um die Operation mit der größten deutschen Beteiligung. Ein Bundeswehr-Soldat wird schwer verletzt.
26. Februar 2010	Auf Antrag der Bundesregierung erhöht der Bundestag die Mandatsobergrenze auf 5.350 Soldaten. Die USA stocken ihre Streitkräfte im Raum Kunduz um 1.000 Mann auf, darunter auch Spezialkräfte.
März – Oktober 2010	Die Bundeswehr nimmt an der Operationsreihe Taohid teil, um die Taliban aus den Distrikten

Baghlan-e Jadid und Dahana-e Gori zu vertreiben. Die Operationen gelten als Erfolg.

2. April 2010

Karfreitagsgefecht bei Isa Khel im Bezirk Chahar Darreh. Drei Bundeswehr-Soldaten fallen: Hauptfeldwebel Nils Bruns (35), Stabsgefreiter Robert Hartert (25) und Hauptgefreiter Martin Augustyniak (28). Acht weitere Soldaten werden zum Teil schwer verletzt. Es sind die höchsten deutschen Verluste in einem Gefecht.

4. April 2010

Im Feldlager Kunduz geben die Soldaten ihren gefallenen Kameraden das letzte Geleit.

7. April 2010

In einem „Spiegel"-Artikel beschreiben deutsche Polizisten, die als Ausbilder in Afghanistan tätig sind, den Zustand der afghanischen Polizei als desaströs.

9. April 2010

Im niedersächsischen Selsingen findet die offizielle Trauerfeier für die Gefallenen des Karfreitagsgefechts statt. Anwesend sind auch Bundeskanzlerin Angela Merkel und Verteidigungsminister Karl-Theodor zu Guttenberg (CSU).

14. April 2010

Verteidigungsminister Guttenberg (CSU) kündigt die Verlegung von drei Panzerhaubitzen 2000 nach Afghanistan an.

15. April 2010

Im Raum Baghlan wird eine Patrouille aus deutschen, belgischen und afghanischen Soldaten angegriffen. Ein Radfahrzeug vom Typ Eagle IV wird durch eine Sprengfalle zerstört. Dabei kommen Major Jörn Radloff (38), Hauptfeldwebel Marius Dubnicki (32) und Stabsunteroffizier Josef Kronawitter (24) ums Leben. Fünf weitere Soldaten werden zum Teil schwer verwundet.

Vier Stunden nach dem Hinterhalt wird eine deutsche Marschkolonne nördlich von Pol-e Chomri mit Hand- und Panzerabwehrwaffen beschossen. Das Fahrzeug eines beweglichen Arzttrupps wird getroffen. Oberstabsarzt Dr. Thomas Broer (33) kommt ums Leben.

16. April 2010   Das Ermittlungsverfahren gegen Oberst Klein wegen des Luftangriffs in Kunduz wird eingestellt. Im Einstellungsvermerk des Generalbundesanwalts wird erstmals von einem Juristen festgehalten, dass in Afghanistan ein nichtinternationaler bewaffneter Konflikt im Sinne des Völkerrechts herrscht – mit anderen Worten: ein Krieg.

21. Mai 2010   Bundespräsident Horst Köhler besucht die deutschen Soldaten in Masar-e Scharif.

31. Mai 2010   Bundespräsident Köhler tritt wegen Äußerungen zur Außen- und Sicherheitspolitik Deutschlands in einem Interview zurück. Köhler hatte gesagt, dass ein Land wie Deutschland im Zweifelsfall seine Interessen auch militärisch schützen müsse, beispielsweise freie Handelswege.

Juni 2010   Generalmajor Hans-Werner Fritz wird Kommandeur des deutschen Einsatzkontingents.

23. Juni 2010   ISAF-Kommandeur Stanley McChrystal wird seines Postens enthoben, nachdem er sich in einem Interview mit dem Magazin *Rolling Stone* abfällig über die US-Regierung geäußert hatte.

4. Juli 2010   US-General David H. Petraeus wird zum ISAF-Kommandeur ernannt. Auf ihn geht die COIN-Strategie zurück.

10. Juli 2010

Erstmals kommen in Afghanistan die Panzerhaubitzen 2000 zum Einsatz.

15. Juli 2010

Öffentliche Steinigung eines Paares durch die Taliban im deutschen Verantwortungsbereich.

August 2010

Die Bundeswehr zahlt jeweils 3.800 Euro an 86 vom Luftangriff von Kunduz betroffenen Familien aus.

August 2010

Das erste Ausbildungs- und Schutzbataillon (ASB) unter deutscher Führung wird in Kunduz aufgestellt. Der Auftrag umfasst die Ausbildung der afghanischen Sicherheitskräfte und den Schutz der afghanischen Zivilbevölkerung. Unter Soldaten wird das ASB *Task Force Kunduz* genannt.

18. September 2010

Parlamentswahlen. Wahlbeteiligung 40 Prozent. 20 Prozent aller Wahlzettel werden für ungültig erklärt. Wahlsieger ist die Partei Jamiat-e Islami von Burhanuddin Rabbani.

7. Oktober 2010

Eine Bundeswehr-Patrouille wird nahe Pol-e Chomri von Aufständischen angegriffen. Dabei kommt Oberfeldwebel Florian Pauli (26) ums Leben, als er sich um einen vermeintlich verletzten Bauern kümmern wollte, der einen nicht erkennbaren Sprengstoffgürtel trug. Drei weitere Soldaten werden verwundet.

31. Oktober –
4. November 2010

Operation Halmazag. Die von der Bundeswehr geführte Offensivoperation soll den Aufbau eines Außenpostens nahe der Ortschaft Quatliam im Distrikt Chahar Darreh vorbereiten. Drei Bundeswehr-Soldaten werden verwundet. Die Operation gilt als erfolgreich. Es ist die erste von Deutschen geplante und geführte Offensive seit dem Zweiten Weltkrieg.

| November 2010 | Das Ausbildungs- und Schutzbataillon in Masar-e Scharif ist einsatzbereit. |

19./20. November — Auf den NATO-Gipfel in Lissabon unterzeichnen die Mitgliedsstaaten im Beisein des afghanischen Präsidenten Karzai eine Erklärung, in der sie sich verpflichten, bis Ende 2014 die volle Verantwortung für die Sicherheit in Afghanistan an die afghanischen Streitkräfte zu übergeben. Der Übergabeprozess soll im Juli 2011 beginnen.

24. November 2010 — Brigadegeneral Christof Munzlinger wird erster PTBS-Beauftragter im Verteidigungsministerium.

13. Dezember 2010 — Verteidigungsminister Karl-Theodor zu Guttenberg besucht auf seiner siebten Afghanistan-Reise die Bundeswehrsoldaten in Masar-e Scharif und Kunduz.

17. Dezember 2010 — Hauptgefreiter Oliver Oertelt (21) stirbt durch einen Kopfschuss aus der Dienstpistole eines Kameraden. Der Untersuchungsbericht der Feldjäger stellt am 27. Dezember ein massives Fehlverhalten durch Nichteinhaltung von Sicherheitsbestimmungen des Schützen fest.

18. Dezember 2010 — Bundeskanzlerin Angela Merkel trifft sich mit dem afghanischen Präsidenten Hamid Karzai in Afghanistan und besucht das deutsche ISAF-Kontingent in Kunduz und Masar-e Scharif.

27. Dezember 2010
4. Januar 2011 - — Durch die Operation Towse A Garbe II von Deutschen, Amerikanern und Afghanen gelingt es, die Kontrolle über die Bezirke Chahar Darreh und Shin Wari zurückzuerlangen.

2011

18. Februar 2011	Ein Soldat der afghanischen Nationalarmee eröffnet innerhalb des Außenpostens OP North bei Pol-e Chomri das Feuer auf mehrere deutsche Soldaten. Hauptfeldwebel Georg Missulia (30) vom Panzergrenadierbataillon in Regen wird getötet, acht weitere werden verletzt, vier davon schwer. Von den Schwerverletzten starben wenig später zwei: Stabsgefreiter Konstantin Manz (22) und Hauptgefreiter Georg Kurat (21), ebenfalls aus dem Panzergrenadierbataillon 112.
Februar 2011	Generalmajor Markus Kneip wird Kommandeur des deutschen Einsatzkontingents.
3. März 2011	Ende der Amtszeit von Verteidigungsminister Karl-Theodor zu Guttenberg (CSU). Beginn der Amtszeit von Verteidigungsminister Thomas de Maizière (CDU).
2. Mai 2011	Osama bin Laden, Gründer und Anführer des Terrornetzwerks al-Qaida und Drahtzieher der Anschläge vom 11. September 2001, wird durch ein amerikanisches Navy-Seal-Team in der pakistanischen Stadt Abbottabad getötet.
25. Mai 2011	Eine deutsche Patrouille fährt im Distrikt Chahar Darreh auf zwei Sprengfallen. Dabei wird Hauptmann Markus Matthes (33) von der Division Spezielle Operationen in Stadtallendorf getötet. Ein weiterer deutscher Soldat wird leicht, ein afghanischer Sprachmittler mittelschwer verletzt.
28. Mai 2011	Bei einem Sprengstoffanschlag auf ein Sicherheitstreffen in Taloqan in Nord-Afghanistan werden sieben Menschen getötet und neun verletzt. An dem Treffen nehmen auch Vertreter der Bundeswehr teil. Unter den Getöteten sind Major Thomas

Tholi (43) vom Führungsunterstützungsbataillon 282 in Kastellaun und Hauptfeldwebel Tobias Lagenstein (31) vom Feldjägerdienstkommando in Bremen. Sechs weitere deutsche Soldaten werden verwundet, darunter der deutsche ISAF-Kommandeur für Nord-Afghanistan, Generalmajor Markus Kneip.

2. Juni 2011	Eine 200-Kilo-Sprengfalle in der Provinz Baghlan zerstört einen Schützenpanzer Marder. Dabei kommt Oberstabsgefreiter Alexej Kobelew (23) vom Panzergrenadierbataillon 212 ums Leben. Fünf weitere Soldaten werden verwundet.
18. Juli 2011	US-General David H. Petraeus übergibt turnusgemäß das ISAF-Kommando an seinen Nachfolger John Allen. Petraeus wird im September 2011 nach seinem Ausscheiden aus der Armee CIA-Direktor.
Oktober 2011	Laut einer Befragung von YouGov zweifeln 70 Prozent der Deutschen am Erfolg in Afghanistan. 68 Prozent sind der Meinung, die Bundeswehr hätte nie nach Afghanistan entsandt werden dürfen.
7. Oktober 2011	10. Jahrestag der Intervention in Afghanistan und des Beginns der Operation Enduring Freedom. Bis zu diesem Zeitpunkt sind in Afghanistan 1800 US-Amerikaner getötet worden, die Kosten des Einsatzes für die USA belaufen sich auf 444 Milliarden Dollar.
5. Dezember 2011	Afghanistan-Konferenz in Bonn. 85 Staaten sichern Afghanistan Unterstützung bis Ende 2024 zu.

Abzeichen eines ISAF-Soldaten der Saarlandbrigade, Sommer 2011.   Foto: Imago

2012

Januar 2012	Die Taliban eröffnen eine offizielle Vertretung in Qatar.
Februar 2012	Generalmajor Erich Pfeffer wird Kommandeur des deutschen Einsatzkontingents.
12. März 2012	Bundeskanzlerin Angela Merkel besucht das deutsche Einsatzkontingent.
3. April 2012	Der Stützpunkt Taloqan, die seit Anfang 2004 betriebene Außenstelle des PRT Kunduz, wird an die afghanischen Sicherheitskräfte übergeben.

August 2012

ISAF-Kommandeur John Allen erlässt einen Befehl, nach dem alle Soldaten von nun an ständig eine geladene Waffe am Mann zu tragen haben. Grund ist die Zunahme der Zahl von Anschlägen.

9. Oktober 2012

Die Bundeswehr gibt das Feldlager Faizabad auf. Es war seit 2004 betrieben worden. Mit Aufgabe des Feldlagers wird auch das PRT Faizabad aufgelöst. Damit endet die militärische Präsenz der ISAF in der Provinz Badachschan.

Dezember 2012

Die Bundeswehr verlegt vier Kampfhubschrauber Tiger mit sechs Piloten und 60 Mann Bodenpersonal nach Masar-e Scharif.

2013

Februar 2013

Generalmajor Jörg Vollmer wird Kommandeur des deutschen Einsatzkontingents.

27. März 2013

Oberst Georg Klein, der am 4. September den Luftangriff gegen zwei Tanklastwagen bei Kunduz befehligte, wird zum Brigadegeneral befördert.

April 2013

Die Bundeswehr verlegt vier Mehrzweckhubschrauber NH90 nach Afghanistan. Sie dienen der Medizinischen Evakuierung (MedEvac).

4. Mai 2013

Eine afghanische Operation nördlich von Baghlan unter dem Codenamen „Maiwand" wird vom KSK begleitet. Bei dem Einsatz wird KSK-Hauptfeldwebel Daniel Wirth (32) getötet. Afghanische Polizisten, die mit unter Beschuss gerieten, ließen die Deutschen zweimal im Stich.

10. Mai 2013

Bundeskanzlerin Angela Merkel besucht deutsche Soldaten in Kunduz und Masar-e Scharif.

Juni 2013	Die afghanischen Streitkräfte übernehmen landesweit die Sicherheitsverantwortung.
6. Juni 2013	Stabsgefreiter Oliver Preuß (24) vom Panzergrenadierbataillon 122 wird schwer verletzt im Camp Marmal in Masar-e Scharif aufgefunden. Nach dem Transport ins Einsatzlazarett wird sein Tod festgestellt. Ermittlung gehen von einer Selbsttötung aus.
15. Juni 2013	Der seit Anfang 2010 bestehende Außenposten OP North in der Provinz Baghlan wird an die afghanischen Sicherheitskräfte übergeben.
15. Juni 2013	Der Außenposten OP North wird an afghanische Sicherheitskräfte übergeben.
6. Oktober 2013	Das Lager des PRT Kunduz wird in Anwesenheit von Außenminister Guido Westerwelle (FDP) und Verteidigungsminister Thomas de Maizière (CDU) an afghanische Sicherheitskräfte übergeben. Damit endet formal das militärische Engagement der Bundeswehr in der Provinz Kunduz.
Oktober 2013	Der Ehrenhain im Feldlager Kunduz für die gefallenen und verstorbenen deutschen Soldaten in Afghanistan wird vor der Übergabe des Stützpunkts an die afghanischen Kräfte abgebaut und nach Deutschland überführt. Er wird in verkleinerter Form auf dem Gelände des Einsatzführungskommandos in Schwielowsee bei Potsdam wieder aufgebaut.
24. November 2013	Dschawad Wafa, ein ehemaliger Sprachmittler der Bundeswehr, wird in Kunduz von den Taliban enthauptet. Die Bundeswehr plant, 182 Ortskräfte nach Deutschland zu bringen, um sie vor Racheakten zu schützen.

11. Dezember 2013   Die Klage von zwei afghanischen Familien gegen
                           die Bundesrepublik Deutschland auf eine über das
                           bereits Erhaltene hinausgehende Entschädigung
                           für die Verluste des Luftangriffs in Kunduz vom
                           4. September 2009 wird abgewiesen.

17. Dezember 2013   Ende der Amtszeit von Verteidigungsminister
                           Thomas de Maizière (CDU). Beginn der Amtszeit
                           von Verteidigungsministerin Ursula von der Leyen
                           (CDU).

2014

Februar 2014   Generalmajor Bernd Schütt wird Kommandeur
                           des deutschen Einsatzkontingents bis zum 1. Au-
                           gust 2014 und damit letzter Kommandeur des Re-
                           gional Command North der ISAF in Masar-e
                           Scharif.

4. April 2014   Die deutsche Fotografin, Kriegsberichterstatterin
                           und Pulitzer-Preisträgerin Anja Niedringhaus wird
                           in Banda Khel von einem Polizisten erschossen.

14. Juni 2014   Aschraf Ghani gewinnt die Präsidentschaftswahl
                           in Afghanistan in einer Stichwahl gegen Abdullah
                           Abdullah.

Juni 2014   Die Bundeswehr beendet den Einsatz des Kampf-
                           hubschraubers Tiger. In den zurückliegenden an-
                           derthalb Jahren wurden 260 Einsätze mit insge-
                           samt 1.860 Flugstunden absolviert. Unklar ist, ob
                           der Tiger im Afghanistan-Einsatz jemals Waffen
                           getragen hat.

Juni 2014   Beinaheabsturz eines Hubschraubers NH 90 in
                           Termes (Usbekistan).

5. August 2014	Während eines Treffens in der Militärakademie der afghanischen Armee in Kabul tötet ein afghanischer Soldat einen amerikanischen Generalmajor. Der deutsche Brigadegeneral Michael Bartscher sowie 13 weitere ISAF-Soldaten werden verwundet.
26. August 2014	US-General John F. Campbell wird neuer und letzter ISAF-Kommandeur.
14. November 2014	Auf dem Gelände der Henning-von-Tresckow-Kaserne in Schwielowsee bei Potsdam wird der „Wald der Erinnerung" eingeweiht.
15. November 2014	Die gesamte Flotte des Hubschraubers NH 90 wird aufgrund erheblicher Sicherheitsmängel mit einer Flugsperre belegt.
18. Dezember 2014	Der Bundestag beschließt die Beteiligung der Bundeswehr an der Mission Resolute Support der NATO. Als Mandatsobergrenze wird die Zahl von 850 Soldaten festgelegt.
28. Dezember 2014	Die USA beenden die Operation Enduring Freedom (OEF). Damit endet offiziell der Kampfeinsatz von US-Streitkräften in Afghanistan.
31. Dezember 2014	Nach 13 Jahren endet die ISAF-Mission. Die afghanische Regierung übernimmt vollumfänglich die Sicherheitsverantwortung für das Land.
31. Dezember 2014	Offizielles Ende des französischen Engagements in Afghanistan. Frankreich hatte insgesamt 70.000 Soldaten in dem Land eingesetzt. 89 sind getötet worden, davon 70 durch Feindeinwirkung. Zudem gab es im französischen Kontingent mehr als 1.000 Verwundete.

2015

Januar 2015	Die Mission Resolute Support löst ISAF ab. Sie soll afghanische Streitkräfte ausbilden und beraten (Train-and-Assist-Ansatz).
Januar 2015	Brigadegeneral Harald Gante ist Kommandeur des Train Advise Assist Command (TAAC) North mit Hauptquartier in Masar-e Scharif.
Januar 2015	Generalleutnant Carsten Jacobson ist Stellvertretender Kommandeur von Resolute Support.
Februar 2015	Brigadegeneral Andreas Hannemann übernimmt das Kommando über das Train Advise Assist Command (TAAC) North in Masar-e Scharif.
März – Oktober 2015	Die seit April 2012 andauernde Polemik um eine etwaige Unzuverlässigkeit und Treffungenauigkeit des Sturmgewehrs G36 der Bundeswehr erreicht ihren Höhepunkt.
24. April 2015	Erster koordinierter Angriff der Taliban auf die Stadt Kunduz.
Mai 2015	Die Truppenstärke der Bundeswehr im Rahmen von Resolute Support beträgt 850 Mann.
Juni 2015	Generalleutnant Frank Leidenberger ist Chef des Stabes von Resolute Support.
Juli 2015	In Pakistan finden die ersten offiziellen Friedensgespräche zwischen Taliban-Vertretern und der afghanischen Regierung statt.
29. Juli 2015	Mullah Akhtar Mohammed Mansour wird neuer Anführer der Taliban.

28. September 2015	Die Taliban überrennen Kunduz, müssen sich nach heftiger Gegenwehr aber am 13. Oktober zurückziehen. Es ist das erste Mal, dass die Taliban eine größere Stadt zeitweise unter ihre Kontrolle bringen konnten.
29. September 2015	Ein namentlich nicht bekannter Stabsfeldwebel (49) wird tot auf seiner Stube im Camp Marmal aufgefunden. Die Bundeswehr geht von einer natürlichen Todesursache aus.
Dezember 2015	Brigadegeneral Hartmut Renk übernimmt das Kommando über das Train Advise Assist Command (TAAC) North in Masar-e Scharif.
20. Dezember 2015	Die Bundeswehr schließt nach 13 Jahren den strategischen Luftwaffenstützpunkt Termes in Usbekistan.

2016

4. Januar 2016	Ein Bundeswehrfahrzeug auf dem Weg zum Flughafen Kabul wird von einem Selbstmordattentäter angegriffen. Bei dem Anschlag werden zwei Soldaten leicht verletzt.
21. Mai 2016	Taliban-Führer Mullah Akhtar Mohammed Mansour wird bei einem US-Drohnenangriff in Pakistan getötet.
25. Mai 2016	Mullah Hibatullah Akhundzada wird neuer Anführer der Taliban.
Juli 2016	Generalleutnant Jürgen Weigt ist Chef des Stabes von Resolute Support.
Oktober 2016	Erneute Schlacht um Kunduz.

| November 2016 | Brigadegeneral André Bodemann ist Kommandeur des Train and Advise Command (TAAC) North in Masar-e Scharif. |

10. November 2016

Anschlag auf das deutsche Generalkonsulat in Masar-e Scharif mit einer Lastwagenbombe. Sechs Menschen sterben, 120 werden verletzt. Am Morgen nach dem Attentat fahren drei Männer auf Motorrädern auf den abgesperrten Tatort zu und stoppen auch nach Warnschüssen nicht. KSK-Soldaten, georgische Eingreifkräfte sowie Beamte der Bundespolizei schlagen die Angreifer zurück. Zwei Angreifer werden getötet, der Dritte wird schwer verletzt.

2017

April 2017

Die Taliban kontrollieren inzwischen mehr als ein Drittel des Landes. Das US-Militär bezeichnet den Krieg als Pattsituation. In Kabul finden Selbstmordattentate in einem nie dagewesenen Ausmaß statt.

17. April 2017

Talibankämpfer in afghanischen Armeeuniformen töten bei einem Innentäterangriff in der Militärbasis Camp Shaheen in Masar-e Scharif 140 afghanische Soldaten. Das dort ansässige 209. Armeekorps wird von Bundeswehrsoldaten beraten.

Mai 2017

Die Truppenstärke der Bundeswehr im Rahmen von Resolute Support beträgt 980 Mann.

Juni 2017

Generalleutnant Johann Langenegger ist Chef des Stabes von Resolute Support.

21. August 2017

US-Präsident Donald Trump kündigt eine neue Afghanistan-Strategie an. Ziel ist es, mit den Taliban in Verhandlungen einzutreten.

| Oktober 2017 | Brigadegeneral Wolf-Jürgen Stahl ist Kommandeur des Train Advise Assist Command (TAAC) North in Masar-e Scharif. |

2018

| 27. Februar 2018 | Präsident Ashraf Ghani schlägt bedingungslose Friedensgespräche mit den Taliban vor, bietet ihnen die Anerkennung als legale politische Partei und die Freilassung von Taliban-Gefangenen an. |

| 22. März 2018 | Der Bundestag erweitert das Resolute-Support-Mandat auf 1.300 Soldaten. Grund dafür ist die sich verschlechternde Sicherheitslage. |

| Juli 2018 | Generalleutnant Alfons Mais ist Chef des Stabes von Resolute Support. |

| Juli 2018 | Die Truppenstärke der Bundeswehr im Rahmen von Resolute Support beträgt 1.300 Mann. |

| 28. Juli 2018 | Die Taliban bestätigen die ersten direkten Gespräche mit Vertretern der US-Regierung in Doha (Qatar). |

| August 2018 | Brigadegeneral Gerhard Ernst-Peter Klaffus ist Kommandeur des Train Advise Assist Command (TAAC) North in Masar-e Scharif. |

| 20./21. Oktober 2018 | Mit dreijähriger Verspätung finden Parlamentswahlen statt. Die stärkste Partei im Parlament wird die Jamiat-e Islami unter Salahuddin Rabbani. |

2019

| April 2019 | Generalleutnant Andreas Marlow ist Chef des Stabes von Resolute Support. |

29. April – 3. Mai 2019	Die afghanische Regierung veranstaltet eine viertägige Loja Dschirga, um über Friedensgespräche zu beraten. Die Taliban werden eingeladen, nehmen aber nicht teil.
19. August 2019	100. Jahrestag der Unabhängigkeit Afghanistans.
August 2019	Brigadegeneral Jürgen Brötz ist Kommandeur des Train Advise Assist Command (TAAC) North in Masar-e Scharif.
31. August	Das Feldlager der afghanischen Armee Camp Pamir bei Kunduz, in dem die Bundeswehr einen Save Haven hat, wird von radikalislamischen Kämpfern angegriffen. Ein afghanischer Soldat fällt.
28. September 2019	Die eigentlich für April 2019 angesetzte und wegen Sicherheitsproblemen verschobene Präsidentschaftswahl findet statt. Ashraf Ghani gewinnt mit hauchdünner Mehrheit. Die Wahlbeteiligt beträgt etwa 20 Prozent.
3. Oktober 2019	Stabsunteroffizier Waldemar Zitzer wird in seiner Unterkunft im Camp Marmal leblos aufgefunden und ins Einsatzlazarett gebracht, wo sein Tod durch Suizid festgestellt wird.
7. Dezember 2019	US-Präsident Donald Trump unterbricht die Friedensgespräche mit den Taliban. Er begründete dies in einem Tweet mit der Tötung eines US-Soldaten bei einem Taliban-Angriff.
17. Dezember 2019	Ende der Amtszeit von Verteidigungsministerin Ursula von der Leyen (CDU). Beginn der Amstzeit von Verteidigungsministerin Annegret Kramp-Karrenbauer (CDU)

2020

18. Februar 2020	Die Wahlkommission verkündet die endgültigen Ergebnisse der letzten Präsidentschaftswahlen. Demnach gewinnt Ashraf Ghani mit 50,6 Prozent der Stimmen.
29. Februar 2020	Die USA unterzeichnen in Doha (Qatar) ein Abkommen mit den Taliban, das den schrittweisen Abzug der NATO-Truppen vorsieht. Im Gegenzug versichern die Taliban, dass von Afghanistan keine Terrorgefahr mehr ausgehe. Die afghanische Regierung wurde nicht zu den Verhandlungen eingeladen.
März 2020	Beginn der Corona-Epidemie. Die Bundeswehr setzt ihren Einsatz unter umfangreichen hygienischen Schutzmaßnahmen fort.
April 2020	Generalleutnant Thorsten Poschwatta ist Chef des Stabes von Resolute Support.
April 2020	Abdul Hamid S., Bundeswehrsoldat afghanischer Abstammung, wird wegen Landesverrats in einem besonders schweren Fall zu sechs Jahren und zehn Monaten Gefängnis verurteilt. Er hatte 20 Jahre lang als Übersetzer und landeskundlicher Berater für die Bundeswehr gearbeitet und dabei zum Teil streng geheime Informationen an den iranischen Geheimdienst weitergegeben.
16. Mai 2020	Ashraf Ghani und Abdullah Abdullah unterzeichnen ein Abkommen zur Machtteilung. Demnach bleibt Ghani Präsident, Abdullah führt die Friedensgespräche mit den Taliban.

August 2020	Die afghanische Regierung lässt 5.100 gefangene Taliban frei, darunter 400, die besonders schwere Verbrechen wie Mord begangen haben.
August 2020	Brigadegeneral Ansgar Meyer ist Kommandeur des Train Advise Assist Command (TAAC) North in Masar-e Scharif.
September 2020	Die Truppenstärke der Bundeswehr im Rahmen von Resolute Support beträgt 1.300 Mann.
17. September 2020	Beginn der innerafghanischen Friedensgespräche in Doha (Qatar).
26. November 2020	Die Bundeswehr zieht im Rahmen des geplanten Abzugs der NATO-Truppen alle verbliebenen deutschen Einsatzkräfte aus Camp Pamir bei Kunduz ab.

2021

20. Januar 2021	Amtseinführung von US-Präsident Joe Biden (Demokraten). Er löst Donald Trump (Republikaner) ab.
16. Februar 2021	Der Europäische Gerichtshof für Menschenrechte in Straßburg verhandelt den Luftangriff vom 4. September 2009 bei Kunduz. Er entscheidet, dass Deutschland den Luftangriff trotz Versäumnisse hinreichend ermittelt habe.
18. Februar 2021	US-Verteidigungsminister Lloyd Austin versichert den NATO-Verbündeten, dass die USA keinen überstürzten oder ungeordneten Rückzug aus Afghanistan unternehmen werden.
25. März 2021	Der Bundestag verlängert den Resolute-Support-Einsatz um ein Jahr.

14. April 2021	Die NATO entscheidet, alle internationalen Streitkräfte bis zum 11. September 2021 aus Afghanistan abzuziehen.
14. April 2021	Bundesverteidigungsministerin Annegret Kramp-Karrenbauer kündigt an, die deutschen Soldaten aus Afghanistan im Sommer vollständig zurückzuverlegen.
April 2021	In Deutschland wird eine Eventualplanung für den Fall einer sich zuspitzenden Situation in Afghanistan vorgenommen.
30. April 2021	Der Ausbildungs-, Beratungs- und Unterstützungsauftrag (TAAC) des deutschen Einsatzkontingents endet. Die Rückverlegung der Bundeswehrkräfte nach Deutschland beginnt.
30. April 2021	Der Gedenkstein, der im Zentrum des Ehrenhains in Masar-e Scharif stand, wird in den Wald der Erinnerung nach Schwielowsee bei Potsdam gebracht, wo sich bereits Ehrenhaine aus Afghanistan und anderen Einsatzgebieten der Bundeswehr befinden.
1. Mai 2021	Offizieller Beginn des Abzugs der internationalen Truppen aus Afghanistan.
1. Mai 2021	Die Taliban beginnen eine Offensive. Sie erobern zu den 73 Distrikten, die sie bereits kontrollierten, weitere 150 der 421 Distrikte des Landes.
7. Juni 2021	Übergabe von Camp Marmal an die afghanischen Streitkräfte.
17. Juni 2021	Letzter Appell im Camp Marmal in Masar-e Scharif in Gegenwart des Generalinspekteurs.

29. Juni 2021	Die letzten Bundeswehrangehörigen werden aus Afghanistan ausgeflogen. Insgesamt haben dort 93.000 Angehörige der Bundeswehr Dienst geleistet. 59 deutsche Soldaten kamen ums Leben, davon 35 durch Fremdeinwirkung. Die Rückkehrer werden in Wunstorf nur vom Befehlshaber des Einsatzführungskommando begrüßt, nicht aber von Vertretern der Bundesregierung oder des Bundestages. Angeblich hätten die Soldaten rasch zu ihren Familien heimkehren wollen.
21. Juli 2021	Die Taliban kontrollieren die Hälfte der afghanischen Bezirkszentren.
August 2021	Bis August 2021 kommen etwa 2.000 Schutzbedürftige nach Deutschland.
6. August 2021	Die deutsche Botschafterin in Washington, Emily Haber, warnt in einem als Verschlusssache eingestuften Bericht ans Auswärtige Amt unter Berufung auf gut informierte Kreise in den USA vor einem „Saigon-Szenario" in Afghanistan.
8. August 2021	Die Taliban erobern Kunduz.
11. August 2021	Deutschland setzt Abschiebungen nach Afghanistan aus.
12. August 2021	Das Bundesverteidigungsministerium beginnt mit der Umsetzung vorbereitender Planungen für eine mögliche Evakuierung. Ein Krisenunterstützungsteam (KUT) wird alarmiert und in Bereitschaft versetzt.
13. August 2021	Die Taliban erobern Kandahar und Herat.
13. August 2021	In Berlin wird eine für den 16. August angesetzte Sitzung des Krisenstabs vorgezogen. Der

Krisenstab billigt den Vorschlag des Verteidigungsministeriums, weitere Schritte für eine Evakuierung einzuleiten.

13. August 2021 — Neben dem KUT machen sich weitere militärische Kräfte für einen Evakuierungseinsatz bereit. Alle benötigten Kräfte werden zusammengeführt.

13. August 2021 — Der stellvertretende Fraktionsvorsitzende von CDU/CSU im Bundestag, Johann Wadephul, gibt in der Talkshow „Maybrit Illner" bekannt, dass die Bundeswehr zwei Hubschrauber des KSK nach Kabul verlegen wird. Diese Öffentlichmachung wird kritisiert, da sie die Operationssicherheit kompromittiert haben könnte.

14. August 2021 — Nach einer Sitzung des Sicherheitskabinetts aktiviert das Bundesverteidigungsministerium die militärischen Kräfte und weist die Verlegung an deutsche Flughäfen an.

15. August 2021 — Die Taliban nehmen Kabul und die Bagram Air Base ein.

15. August 2021 — Die USA beginnen mit der Evakuierung ihres Botschaftspersonals und verlegen dafür 3.000 Soldaten nach Kabul. Auch Deutschland leitet die Evakuierung der ersten Bundesbürger ein.

16. August 2021 — Auf dem Flughafen in Kabul spielen sich dramatische Szenen ab, weil Einheimische aus dem Land fliehen wollen. Zwischenzeitlich werden die Evakuierungen ausgesetzt.

16. August 2021 — Deutschland beginnt mit der „robusten Evakuierung" aus Kabul. Bis zum 27. August 2021 werden mehr als 5.000 Menschen durch die Bundeswehr ausgeflogen.

17. August 2021	Gemeinsam mit US-Kräften regeln deutsche Soldaten den Einlass zum Flughafen. Alle deutschen Staatsbürger werden aufgefordert, sich zum Flughafen zu begeben.
18. August 2021	Präsident Ashraf Ghani flieht in die Vereinigten Arabischen Emirate.
18. August 2021	Das Bundeskabinett fasst den Beschluss zum Einsatz von Bundeswehrsoldaten bei der Evakuierungsoperation in Kabul. Die Luftbrücke von Deutschland nach Kabul läuft über die usbekische Hauptstadt Taschkent.
19. August 2021	Die Taliban gründen erneut das Islamische Emirat Afghanistan.
20. August 2021	Zwei Deutsche werden auf dem Weg zum Flughafen in Kabul verletzt, mindestens einer von ihnen durch Schüsse. Die Bundeswehr verlegt zwei Hubschrauber des KSK nach Afghanistan, um bei der Evakuierung zu helfen.
23. August 2021	Am Flughafen Kabul fallen Schüsse; an dem Gefecht sind auch deutsche Soldaten beteiligt.
23. August 2021	Die Taliban stellen dem Westen ein Ultimatum: Bis 31. August 2021 müssen alle fremden Truppen abgezogen sein.
24. August 2021	Das KSK verlässt erstmals das Flughafengelände, um Schutzbedürftige aus der Stadt zum Flughafen zu geleiten.
25. August 2021	Der Bundestag stimmt in einer Sondersitzung dem Evakuierungseinsatz der Bundeswehr nachträglich zu.

Deutsche Soldaten bei der Registrierung von Evakuierten an einer Corona-Teststation in Taschkent (Usbekistan), 19. August 2021.   *Foto: Bundeswehr/Tessensohn*

26. August 2021   Attentäter der IS-Terrormiliz ISIS-K greifen mit Sprengstoffwesten und Gewehren einen Eingang des Kabuler Flughafens an und töten dabei 170 Afghanen und 13 US-Soldaten; mehr als 200 Menschen werden verletzt.

26. August 2021   Die Bundeswehr beendet ihre Evakuierungsmission in Kabul. Am Nachmittag beginnt die Rückverlegung aller deutschen Kräfte aus Kabul. Alle deutschen Soldaten kehren unverletzt nach Taschkent in Usbekistan zurück.

29. August 2021   Die USA fliegen einen Drohnenangriff auf ein verdächtiges Fahrzeug in Kabul und verhindern damit nach eigenen Angaben einen weiteren Anschlag auf den Flughafen. Getötet werden bei dem Angriff auch zehn Zivilisten, darunter sieben Kinder.

30. August 2021	Die USA ziehen ihre letzten Truppen ab und beenden damit den Einsatz in Afghanistan. Insgesamt haben die USA innerhalb von 17 Tagen 124.000 Menschen evakuiert. Generalmajor Chris Donahue, Kommandeur der 82. US-Luftlandedivision, ist der letzte amerikanische Soldat, der Afghanistan verlässt.
17. September 2021	Bundespräsident Frank-Walter Steinmeier verleiht das Bundesverdienstkreuz 1. Klasse an Brigadegeneral Jens Arlt für seine Leistung als militärischer Führer der Evakuierungsoperation in Kabul.
22. September 2021	Bei einem Rückkehrappell im niedersächsischen Seedorf würdigen Bundeskanzlerin Angela Merkel und Verteidigungsministerin Annegret Kramp-Karrenbauer das Engagement des Einsatzverbandes, das in Taschkent und Kabul die Evakuierung organisiert hatte. Erstmals wird die Medaille für Militärische Evakuierungsoperationen verliehen.
6. Oktober 2021	Im Verteidigungsministerium wird eine erste Bilanz des Afghanistan-Einsatzes gezogen. Die meisten eingeladenen Parlamentarier und auch Außenminister Heiko Maas (SPD) sagen ihr Kommen ab.
13. Oktober 2021	Mit einem Großen Zapfenstreich vor dem Reichstagsgebäude in Berlin würdigt die Politik den Einsatz der Bundeswehr in Afghanistan.

2022

| 8. Juni 2022 | Der Bundestag setzt einen Afghanistan-Untersuchungsausschuss ein. Der Ausschuss beschäftigt sich mit den Geschehnissen im Zusammenhang mit dem Abzug der Bundeswehr aus Afghanistan und der Evakuierung des deutschen Personals, der Ortskräfte und anderer betroffener Personen. Der |

Ausschuss hat den Auftrag, sich ein Gesamtbild zu den Erkenntnissen, dem Entscheidungsverhalten und dem Handeln der Bundesregierung einschließlich involvierter Bundesbehörden und Nachrichtendienste zu verschaffen, inklusive des Zusammenwirkens zwischen deutschen und ausländischen Akteuren. Es geht um die Zeit zwischen dem Doha-Abkommen (29. Februar 2020) bis zum Ende des Mandats zur militärischen Evakuierung aus Afghanistan am 30. August 2021.

8. Juli 2022 Der Bundestag setzt eine Enquetekommission ein, die Lehren aus dem deutschen Afghanistan-Einsatz für die künftige Außen- und Sicherheitspolitik ziehen soll.

2023

2. August 2023 Verteidigungsminister Boris Pistorius zeichnet zwei KSK-Soldaten mit dem Ehrenkreuz für Tapferkeit aufgrund ihrer besonderen Verdienste bei der Evakuierungsoperation im August 2021 in Kabul aus. Das Ehrenkreuz ist die höchste Auszeichnung der Bundeswehr; sie wurde bislang 29 Mal verliehen.

Namen der deutschen Gefallenen

2003

Stabsgefreiter Stefan Kamins (24, † 29. Mai 2003, südlich von Kabul) – Amt für Geoinformationswesen, Traben-Trarbach

Oberfähnrich Andrejas Beljo (28, † 7. Juni 2003, bei Kabul) – Fernmeldeaufklärungsregiment 940, Daun

Stabsunteroffizier Jörg Baasch (25, † 7. Juni 2003, bei Kabul) – Fernmeldeaufklärungsregiment 940, Daun

Oberfeldwebel Carsten Kühlmorgen (32, † 7. Juni 2003, bei Kabul) – Bataillon Elektronische Kampfführung 932, Frankenberg

Feldwebel Helmi Jimenez-Paradies (29, † 7. Juni 2003, bei Kabul) – Bataillon Elektronische Kampfführung 932, Frankenberg

2005

Hauptfeldwebel Andreas Heine (37, † 25. Juni 2005, Rustaq) – Panzergrenadierbataillon 332, Wesendorf

Oberfeldwebel Christian Schlotterhose (26, † 25. Juni 2005, Rustaq) – Panzergrenadierbataillon 332, Wesendorf

Oberstleutnant d.R. Armin-Harry Franz (44, † 14. November 2005, Kabul) – Feldersatzbataillon 901, Köln

2007

Hauptmann d.R. Matthias Standfuß (31, † 19. Mai 2007, Kunduz) – Bundesamt für Wehrverwaltung, Bonn

Oberfeldwebel d.R. Michael Diebel (28, † 19. Mai 2007, Kunduz) – Bundeswehrdienstleistungszentrum Materialdepot, Darmstadt

Oberfeldwebel d.R. Michael Neumann (48, † 19. Mai 2007, Kunduz) – Marinearsenal Kiel

2008

Stabsgefreiter Patric Sauer (24, † 4. Oktober 2009 an den Spätfolgen eines Selbstmordattentats auf dem Weg von Kunduz nach Pol-e Chomri am 6. August 2008) – Fallschirmjägerbataillon 263, Zweibrücken

Hauptfeldwebel Mischa Meier (29, † 27. August 2008, Chahar Darreh) – Fallschirmjägerbataillon 263, Zweibrücken

Stabsunteroffizier Patrick Behlke (25, † 20. Oktober 2008, bei Kunduz) – Fallschirmjägerbataillon 263, Zweibrücken

Stabsgefreiter Roman Schmidt (22, † 20. Oktober 2008, bei Kunduz) – Fallschirmjägerbataillon 263, Zweibrücken

2009

Sergej Motz (21, † 29. April 2009, bei Kunduz) – Jägerbataillon 292, Donaueschingen

Hauptgefreiter Alexander Schleiernick (23, † 23. Juni 2009, Kunduz) – Fallschirmjägerbataillon 263, Zweibrücken

Hauptgefreiter Oleg Meiling (21, † 23. Juni 2009, Kunduz) – Panzergrenadierbataillon 391, Bad Salzungen

Hauptgefreiter Martin Brunn (23, † 23. Juni 2009, Kunduz) – Panzergrenadierbataillon 391, Bad Salzungen

2010

Hauptfeldwebel Nils Bruns (35, † 2. April 2010, Isa Khel) – Fallschirmjägerbataillon 373, Seedorf

Hauptgefreiter Martin Kadir Augustyniak (28, † 2. April 2010, Isa Khel) – Fallschirmjägerbataillon 373, Seedorf

Stabsgefreiter Robert Hartert (25, † 2. April 2010, Isa Khel) – Fallschirmjägerbataillon 373, Seedorf

Stabsunteroffizier Josef Otto Kronawitter (24, † 15. April 2010, nördlich
von Baghlan) – Gebirgsjägerbataillon 8, Ingolstadt

Hauptfeldwebel Marius Josef Dubnicki (32, 15. April 2010, nördlich von
Baghlan) – Gebirgsjägerbataillon 8, Ingolstadt

Major Jörn Radloff (38, † 15. April 2010, nördlich von Baghlan) – Unterof-
fiziersschule des Heeres, Weiden

Oberstabsarzt Dr. Thomas Broer (33, † 2. April 2010, nördlich von Pol-e-
Komri) – Bundeswehrkrankenhaus Ulm

Oberfeldwebel Florian Pauli (26 † 7. Oktober 2010, bei Pol-e Komri) –
Fallschirmjägerbataillon 373, Seedorf

2011

Hauptfeldwebel Georg Missulia (30, † 18. Februar 2011, bei Pol-e-
Chomri) – Panzergrenadierbataillon 112, Regen

Stabsgefreiter Konstantin Manz (22, † 18. Februar 2011, bei Pol-e-Chomri)
– Panzergrenadierbataillon 112, Regen

Hauptgefreiter Georg Kurat (21, † 18. Februar 2021, bei Pol-e-Chomri) –
Panzergrenadierbataillon 112, Regen

Hauptmann Markus Matthes (33 †, 25. Mai 2011, bei Kunduz) – Stab Division Spezielle Operationen, Stadtallendorf

Hauptfeldwebel Tobias Lagenstein (31, † 28. Mai 2011, Taloqan) – Feldjägerdienstkommando Bremen

Major Thomas Tholi (43, † 28. Mai 2011, Taloqan) – Führungsunterstützungsbataillon 282, Kastellaun

Oberstabsgefreiter Alexej Kobelew (23, † 2. Juni 2011, Provinz Baghlan) –
Panzergrenadierbataillon 212, Augustdorf

2013

Hauptfeldwebel Daniel Wirth, (32, † 4. Mai 2013, nördlich von Baghlan) –
Kommando Spezialkräfte, Calw

Literatur

Bach, Alois / Hartmann, Carola: Unbekannte Helden des Alltags. Soldaten und Ehefrauen berichten über Verantwortung, Humanität und Belastung im Auslandseinsatz, Berlin 2020

Bald, Detlef: Die Bundeswehr. Eine kritische Geschichte 1955-2005, München 2005

Beck, Teresa Koloma / Kühn, Florian P. (Hg.): Zur Intenvention. Afghanistan und die Folgen, Hamburger Edition 2023

Beerenkämper, Florian / Bohnert, Marcel / Buresch, Anja / Matuszewski, Sandra: Der innerafghanische Friedens- und Aussöhnungsprozess. Folgerungen für die künftige Beteiligung an internationalen Operationen zur Krisenbewältigung in fragilen Staaten (Reihe Standpunkte und Orientierungen, Bd. 8), Berlin 2016

Bohnert, Marcel: Innere Führung auf dem Prüfstand. Lehren aus dem Afghanistan-Einsatz der Bundeswehr, Norderstedt 2017

Bohnert, Marcel: Die deutsche Bundeswehr und der Krieg in Afghanistan. Ein Blick auf die Bewährung der Inneren Führung, in: ÖMZ 03/2019

Bohnert, Marcel / Egleder, Julia: Deutschlands Veteranen. (Über-)Leben nach dem Einsatz, Hamburg 20223.

Bohnert, Marcel / Neumann, Andy: German Mechanized Infantry on Combat Operations in Afghanistan, Berlin 2017

Bohnert, Marcel / Schreiber, Björn (Hg.): Die unsichtbaren Veteranen. Kriegsheimkehrer in der deutschen Gesellschaft, Berlin 2016

Bredow, Wilfried von: Armee ohne Auftrag. Die Bundeswehr und die deutsche Sicherheitspolitik, Zürich 2020

Brinkmann, Sascha / Hoppe, Joachim (Hg.): Generation Einsatz. Fallschirmjäger berichten ihre Erfahrungen aus Afghanistan, Berlin 2010

Brinkmann, Sascha / Hoppe, Joachim / Schröder, Wolfgang (Hg.): Feindkontakt. Gefechtsberichte aus Afghanistan, Hamburg/Berlin/Bonn 2013

Buske, Rainer: Kunduz. Ein Erlebnisbericht über einen militärischen Einsatz der Bundeswehr in Afghanistan im Jahr 2008, Berlin 2016

Chauvistré, Eric: Wir Gutkrieger. Warum die Bundeswehr im Ausland scheitern wird, Frankfurt/M. 2009

Chiari, Bernhard (Hg.): Afghanistan (Reihe Wegweiser zur Geschichte, hg. vom Zentrum für Militärgeschichte und Sozialwissenschaften der Bundeswehr, neu bearb. von Karl-Heinz Lutz), Paderborn 2020

Clair, Johannes: Vier Tage im November. Mein Kampfeinsatz in Afghanistan, Berlin ⁸2021

Clement, Rolf / Jöris, Paul Elmar: 50 Jahre Bundeswehr. 1955-2005, Hamburg/Berlin/Bonn 2005

Creveld, Martin van: Die Zukunft des Krieges, München 1998

Dembinski, Matthias/Gromes, Thorsten: Afghanistan aufarbeiten. Den Einsatz nachträglich legitimieren oder Entscheidungshilfen für die Zukunft liefern?, in: PRIF Spotlight 14/2021.

Epkenhans, Michael / Hagemann, Frank (Hg.): Militärgeschichte. Von der Frühen Neuzeit bis in die Gegenwart, Braunschweig 2021

Fiedler, Helmut: Military Assistance – eine moderne Einsatzart zwischen Anspruch und Wirklichkeit, Berlin 2019

Fontane, Theodor: Sämtliche Romane, Erzählungen, Gedichte, Nachgelassenes, Darmstadt 1995

Frehse, Lea: Hin zum Gold. Ein Jahr nach dem amerikanischen Rückzug aus Afghanistan versuchen jetzt die Chinesen in die Lücke zu stoßen, in: Die Zeit 11.8.2022

Fried, Nico / Hickmann, Christoph / Matern, Tobias: Krieg im toten Winkel, in: Süddeutsche Zeitung, 17. Juni 2017

Goebel, Peter (Hg.): Von Kambodscha bis Kosovo. Auslandseinsätze der Bundeswehr, Frankfurt/M. und Bonn 2000

Goertz, Stefan: Afghanistan. Eine aktuelle sicherheitspolitische Analyse – erste Bilanz und Ausblick, in: Österreichische Militärische Zeitschrift 6/2021

Gojowksy, Torsten / Koegler, Sebastian: Building Special Operations Relationships with Fragile Partners. Best Practices from Iraq, Syria and Afghanstan, Berlin 2019

Grau, Lester W.: The Coils of the Anaconda. America's first conventional battle in Afghanistan, Dissertation, University of Kansas, Lawrence 2009

Groos, Heike: Ein schöner Tag zum Sterben. Als Bundeswehrärztin in Afghanistan, Frankfurt/M. 2009

Hartmann, Christian (Hg.): Markus Götz „Hier ist Krieg!". Afghanistan-Tagebuch 2010, Göttingen 2021

Hartmann, Uwe (Hg.): Lernen von Afghanistan. Innovative Mittel und Wege für Auslandseinsätze (Reihe Standpunkte und Orientierungen, Bd. 3), Berlin 2015

Hartmann, Uwe: War without fighting? The reintegration of former combattants in Afghanistan seen through the lens of stratgegic thought, Berlin 2014

Hartmann, Uwe/Janke, Reinhold/von Rosen, Claus (Hg.): Jahrbuch Innere Führung 2022/23. Zeitenwende und Kriegsbilder, Berlin 2023

Helmecke, Chris: Gefallen und verwundet im Kampf. Deutsche Soldaten im Karfreitagsgefecht 2010, in Militärgeschichte. Zeitschrift für historische Bildung 2/2018 (Sonderdruck).

Herberg-Rothe, Andreas: Der Krieg. Geschichte und Gegenwart, Frankfurt/M. 2003

Justenhoven, Heinz-Gerhard / Afsah, Ebrahim (Hg.): Das internationale Engagement in Afghanistan in der Sackgasse? Eine politisch-ethische Auseinandersetzung (Reihe Beiträge zur Friedensethik, Bd. 45, hg. von Heinz-Gerhard Justenhoven und Gerhard Beestermöller), Baden-Baden 2011

Kermani, Navid: Für drei Dollar am Tag. Selbstverstümmelung des Westens – Was unser Einsatz in Afghanistan bewirkt hat und welche Katastrophe unser Rückzug anrichtet, in: Frankfurter Allgemeine Zeitung 26.8.2021

Kipping, Martin: State. Building. Erfolg und Scheitern in Afghanistan (Reihe Schriften zur Governance-Forschung, Bd. 24, hg. von Ursula Lehmkuhl, Thomas Risse und Gunnar Folke Schuppert), Baden-Baden 2011

Kornelius, Stefan: Der unerklärte Krieg. Deutschlands Selbstbetrug in Afghanistan (Reihe Standpunkte), Hamburg 2009

Kriemann, Hans-Peter: Warum Deutschlands Sicherheit auch am Hindukusch verteidigt wurde, in *Militärgeschichte* 4/2021

Lapins, Wulf: ISAF zieht ab – der Krieg in Afghanistan geht weiter, in: Österreichische Militärische Zeitschrift 02/2012

Lüders, Michael: Hybris am Hindukusch. Wie der Westen in Afghanistan scheiterte, München 2022

Masala, Carlo: Weltunordnung. Die globalen Krisen und die Illusionen des Westens, München ³2022

Maurer, Jochen / Rink, Martin: Einsatz ohne Krieg. Die Bundeswehr nach 1990 zwischen politischem Auftrag und militärischer Wirklichkeit, Göttingen 2021

Münch, Philipp: Strategielos in Afghanistan. Die Operationsführung der Bundeswehr im Rahmen der International Security Assistance Force (SWP-Studie), Berlin 2011

Münch, Philipp: Die Bundeswehr in Afghanistan. Militärische Handlungslogik in internationalen Interventionen (Reihe Neueste Militärgeschichte. Analysen und Studien, hg. vom Zentrum für Militärgeschichte und Sozialwissenschaften der Bundeswehr, Bd. 5), Freiburg/Berlin/Wien 2015

Musa Samimy, Said: Afghanistan. Chronik eines gescheiterten Staates, Berlin 2016

Neitzel, Sönke: Deutsche Krieger. Vom Kaiserreich zur Berliner Republik - eine Militärgeschichte, Berlin 2020

Münkler, Herfried: Der Wandel des Krieges. Von der Symmetrie zur Asymmetrie, Weilerswist 2006

Nordmann, Julia Katharina: Das vergessene Gedenken. Die Trauer- und Gedenkkultur der Bundeswehr, Berlin/Boston 2022

Rashid, Ahmed: Taliban. Die Macht der Gotteskrieger, München [3]2022

Reuter, Christoph: „Wir waren glücklich hier". Afghansitan nach dem Sieg der Taliban, München 2023

Rubin, Barnett R.: Afghanistan. What everyone needs to know, Oxford 2020

Risse, Thomas / Walter-Drop, Gregor: Begrenzte Wirksamkeit, in: Internationale Politik. Das Magazin für globales Denken, Januar/Februar 2023, S.81-85.

Said, Behnam T.: Geschichte al-Qaidas. Bin Laden, der 11. September und die tausend Fronten des Terrors heute, München 2018

Scahill, Jeremy: Schmutzige Kriege. Amerikas geheime Kommandoaktionen, München 2013

Schetter, Conrad: Kleine Geschichte Afghanistans, München [5]2022

Schetter, Conrad / Mielke, Katja: Die Taliban. Geschichte, Politik, Ideologie, München 2022

Schiebold, Kurt Helmut: 99 Tage in Afghanistan. Wie der deutsche Einsatz 2003 im Nordosten Afghanistans begann, Berlin 2022

Schnitt, Jonathan: Foxtrott 4. Sechs Monate mit deutschen Soldaten in Afghanistan, München 2012

Schröder, Gerhard: Heimkehr in zehn Jahren. Zur Zukunft des deutschen Engagements in Afghanistan, in: Der Spiegel 7/2009

Schulz, Roland: Waffenstillstand, in: Süddeutsche Zeitung Magazin 47/2021

Schwarzkopf, Andreas: Der völlig verunglückte Demokratieexport, in: Frankfurter Rundschau, 20. August 2021

Schwitalla, Artur: Afghanistan, jetzt weiß ich erst... Gedanken aus meiner Zeit als Kommandeur des Provincial Reconstruction Team Feyzabad, Berlin 2010

Sedlatzek-Müller, Robert: Soldatenglück. Mein Leben nach dem Überleben, Hamburg 2012

Seliger, Marco: Sterben für Kabul. Aufzeichnungen über einen verdrängten Krieg, Hamburg/Berlin/Bonn 2011

Seliger, Marco: Das Afghanistan-Desaster. Warum wir am Hindukusch gescheitert sind, Hamburg 2022

Seiffert, Anja / Heß, Julius: Leben nach Afghanistan. Die Soldaten und Veteranen der Generation Einsatz der Bundeswehr. Ergebnisse der sozialwissenschaftlichen Langzeitbegleitung des 22. Kontingents ISAF, Potsdam 2020

Seppo, Antti: From Guilt to Responsibility and beyond. The Evolution of German Strategic Culture after the end of the Cold War, Berlin 2021

Spalinger, Andrea: „Die Taliban sind in Afghanistan erneut an der Macht: Wer sind sie? Wer führt sie an? Wie sind sie organisiert?", in: Neue Zürcher Zeitung, 17. August 2021

Special Inspector General for Afghanistan Reconstruction – SIGAR (Hg.): What we need to learn: Lessons from twenty years of Afghanistan Reconstruction, Arlington 2021

Stürmer, Michael: Trompetensignal für den Westen, in: Die Welt, 19. August 2021

Thies, Jochen: Die Fluten des Pruth. Deutschland vor unbekannten Herausforderungen, Reinbek 2023

Tilgner, Ulrich: Krieg im Orient. Das Scheitern des Westens, Berlin 2020

Todenhöfer, Jürgen: Die große Heuchelei. Wie Politik und Medien unsere Werte verraten. Ein Frontbericht aus den Krisengebieten der Welt, Berlin 2019

Tophoven, Rolf: „Singuläres Ereignis", in: Loyal 9/2021

Tophoven, Rolf /H.-Daniel Holz: Der „Islamische Staat": Geschlagen – nicht besiegt. Herausforderung und Abwehr, Bonn 2020

Uzulis, André: Die Bundeswehr. Eine politische Geschichte von 1955 bis heute, Hamburg/Berlin/Bonn 2005

Wohlgethan, Achim: Endstation Kabul. Als deutscher Soldat in Afghanistan – ein Insiderbericht, Berlin 2008

Wohlgethan, Achim: Schwarzbuch Bundeswehr. Überfordert, demoralisiert, im Stich gelassen, München 2011

Wohlgethan, Achim: Blackbox Bundeswehr. Die 100-Milliarden-Illusion. Was unsere Truppe jetzt wirklich braucht, Berlin 2023

Abkürzungen

AA	Auswärtiges Amt
ANA	Afghan National Army
ANSF	Afghan National Security Forces
ASB	Ausbildungs- und Schutzbataillon
BMVg	Bundesministerium der Verteidigung
CENTCOM	US Central Command
COIN	Counterinsurgency
EKD	Evangelische Kirche in Deutschland
GIZ	Gesellschaft für Internationale Zusammenarbeit
IED	Improvised Explosive Device
IRF	Immediate Reaction Force
ISAF	International Security Assistance Force
KSK	Kommando Spezialkräfte der Bundeswehr
KUT	Krisenunterstützungsteam
MedEvac	Medical Evacuation
MINUSMA	United Nations Multinational Integrated Stabilization Mission in Mali
MOLT	Mobile Observation and Liaison Team
NATO	North Atlantic Treaty Organisation
NDS	National Directorate of Security (afgh. Geheimdienst)
OEF	Opertion Enduring Freedom
ÖMZ	Österreichische Militärische Zeitschrift
OMLT	Operational Mentoring and Liaison Team
OP	Operation Post
PDS	Partei des Demokratischen Sozialismus
PRT	Provincial Reconstruction Team
PTBS	Posttraumatische Belastungsstörung
QRF	Quick reaction Force
RC	Regional Command
Recce	Kurzform von Reconnaissance
SWP	Stiftung Wissenschaft und Politik
TAAC	Train Advise Assist Command
UN	United Nations
UNAMA	United Nations Assistance Mission in Afghanistan
UNHCR	United Nations High Commission for Refugees
ZMSBw	Zentrum für Militärgeschichte und Sozialwissenschaften der Bundeswehr

Register

Autor

André Uzulis, geboren 1965 in Hannover, Dr. phil., hat Geschichte, Politik-
wissenschaft und Romanistik studiert. Er ist Betriebswirt, zertifizierter
Change Manager, Buchautor und Oberstleutnant d.R. Volontariat bei der
Braunschweiger Zeitung, danach Tätigkeiten als Redakteur bei der Deutschen
Presse-Agentur, der Deutschen Welle und der Welt am Sonntag. Von 1998
bis 2002 stellvertretender Chefredakteur der Nordsee-Zeitung in Bremer-
haven, von 2002 bis 2010 Chefredakteur des Nordkurier in Neubrandenburg,
von 2010 bis 2012 Auslandschef der Nachrichtenagentur dapd in Berlin, danach in der Presse- und Öffentlichkeitsarbeit. Seit 2020 ist er Chefredakteur
des sicherheitspolitischen Magazins loyal in Berlin. Uzulis ist verheiratet, hat
zwei erwachsene Söhne und lebt in Berlin und in der Eifel.

Quellenhinweise Karten

Alle Karten stammen vom Zentrum für Militärgeschichte und Sozialwissenschaften (ZMSBw) der Bundeswehr in Potsdam

Carola Hartmann Miles-Verlag

Einsatzerfahrungen

Artur Schwitalla, *Afghanistan, jetzt weiß ich erst...,* Berlin 2010.

Sascha Brinkmann, Joachim Hoppe (Hg.), *Generation Einsatz. Fallschirmjäger berichten ihre Erfahrungen aus Afghanistan,* Berlin 2010.

Ingo Werners, *Fahren, Funken, Feuern. Hinweise auf die Einsatzvorbereitung,* Berlin 2010.

Rainer Buske, *KUNDUZ. Ein Erlebnisbericht über einen militärischen Einsatz der Bundeswehr in Afghanistan im Jahre 2008,* Berlin 2015.

Marcel Bohnert, Andy Neumann, *German Mechanized Infantry on Combat Operations in Afghanistan,* Berlin 2016.

Alois Bach, Carola Hartmann (Hrsg.), *Unbekannte Helden des Alltags. Soldaten und Ehefrauen berichten über Verantwortung, Humanität und Belastung im Auslandseinsatz,* Berlin 2020.

Kurt Helmut Schiebold, *99 Tage in Afghanistan. Wie der deutsche Einsatz 2003 im Nordosten Afghanistans begann. Aus meinem Tagebuch,* Berlin 2022.

Christian Gerstner, *Unter dem Schwert. 15 Jahre im Kommando Spezialkräfte,* Berlin 2023.

Militärgeschichte

Eberhard Kliem, Kathrin Orth, *"Wir wurden wie blödsinnig vom Feind beschossen". Menschen und Schiffe in der Skagerrakschlacht 1916,* Berlin 2016.

Hans Frank, Norbert Rath, *Kommodore Rudolf Petersen. Führer der Schnellboote 1942–1945. Ein Leben in Licht und Schatten unteilbarer Verantwortung,* Berlin 2016.

Eckhard Lisec, *Der Völkermord an den Armeniern im 1. Weltkrieg – Deutsche Offiziere beteiligt?,* Berlin 2017.

Ingo Pfeiffer, *Heinz Neukirchen. Marinekarriere an wechselnden Fronten,* Berlin 2017.

Joachim Welz, *Erfolgsstory oder Trauma – die Übernahme von Armeen. Lehren aus der Übernahme des österreichischen Bundesheeres in die Wehrmacht 1938 und der Reste der NVA in die Bundeswehr 1990,* Berlin 2018.

Joachim Hoppe, Manfred Wilde (Hrsg.), *Die Unteroffizierschule des Heeres, Die militärische Meisterschule,* Berlin 2016.

Georg Neuhaus, *Am Anfang war ein Speer. Eine Chronographie der Kriegs- und Militärtechnologien,* Berlin 2018.

Hans-Werner Ahrens, *Die Transportflieger der Luftwaffe 1956 bis 1971. Konzeption – Aufbau – Einsatz,* *(Reihe Schriften zur Geschichte der Deutschen Luftwaffe, Band 8),* Berlin 2019.

Jobst Reller, *Die Anfänge der evangelischen Militärseelsorge,* Berlin ²2020.

Eberhard Frhr. v. Senden, Friedrich Frhr. v. Senden, *Der Erste Weltkrieg 1914–1918. Erlebnisse eines jungen Leutnants,* Berlin 2020.

Hans-Günter Behrendt, *Flugabwehr in Deutschland. Stationierungsorte und Systeme 1956-2012,* Berlin 2021.

Harald Fritz Potempa, *Balkan 1914-1945. Raum und Kleiner Krieg als militärhistorische Kategorien in der Wahrnehmung deutscher Streitkräfte,* Berlin 2021.

Stephan Horn, *Französische und wallonische Freiwilligenverbände im Zweiten Weltkrieg. Politische Implikationen militärischer Kollaboration,* Berlin 2021.

Jörg Beining, *Streng geheim! Elektronische Kampfführung im Kalten Krieg. Die EloKa der Bundeswehr und NATO aus östlicher Perspektive,* Berlin 2021.

Gerd Bolik, *NATO-Planungen für die Verteidigung der Bundesrepublik Deutschland im Kalten Krieg,* Berlin 2021.

Martin Kutz, *Die Schlacht als Männerballett oder Mythos und Militär,* Berlin 2022.

Olaf Rönnau, *Eine totale Institution als Zwischenspiel. Die Kadettenschule der NVA von ihrer Gründung 1956 bis zu ihrer Auflösung 1961,* Berlin 2022.

Stephan Maninger, *Für einige Morgen aus Eis und Schnee – Großbritanniens Kampf um Nordamerika 1754-1763,* Berlin 2022.

Olaf Rönnau, *Oberst Franz Weller (1901-1994) vom Kadettenkorps zur Bundeswehr. Soldat in drei Armeen. Erinnerungen an den ersten Kommandeur Infanterieschule Hammelburg (1956-1957),* Berlin 2023.

Erinnerungen

Blue Braun, *Erinnerungen an die Marine 1956–1996,* Berlin 2012.

Rainer Buske, *Eine Reise ins Innere der Bundeswehr. Wundersame Geschichten aus einer anderen Welt,* Berlin 2016.

Heinz Laube, *Duell am Himmel,* Berlin 2016.

Viktor Toyka, *Dienst in Zeiten des Wandels. Erinnerungen aus 40 Jahren Dienst als Marineoffizier 1966-2000,* Berlin 2017.

Hans-Eckhard Tribess (Hrsg.), *Im Leben unterwegs – für den Frieden. Festschrift für Wolfgang Altenburg zum 90. Geburtstag am 22. Juni 2018,* Berlin 2019.

Kurt Graf v. Schweinitz, *Notizen im Transit von Krieg und Frieden,* Berlin 2020.

Karl-Otto Behrendt, *Der kurze Bericht über eine lange Zeit. Kriegsgefangenschaft 1945–1953, herausgegeben und kommentiert von Hans-Günter Behrendt,* Berlin 2021.

Hans Peter von Kirchbach, *Herz an der Angel,* Berlin 2021.

Dieter Wolf, *Erlebnisse eines MAD-Offiziers und Leistungssportlers*, Berlin 2022.

Klaus Beckmann, *Dienstweg – kein Durchgang? Als Pfarrer und Staatsbürger in der Bundeswehr*, Berlin 2022.

Bernhard R. Kroener, *Lebensscherben – Hoffnungsspuren. Eine Familie aus Schlesien in den Stürmen des 20. Jahrhundert. In zwei Bänden. Eine dokumentarische Erzählung. Mit einer Familienstammfolge von Peter Bahl*, Berlin 2023.

Schriften zur Tradition

Eberhard Birk, Winfried Heinemann, Sven Lange (Hrsg.), *Tradition für die Bundeswehr. Neue Aspekte einer alten Debatte*, Berlin 2012.

Donald Abenheim, Uwe Hartmann (Hrsg.), *Tradition in der Bundeswehr. Zum Erbe des deutschen Soldaten und zur Umsetzung des neuen Traditionserlasses*, Berlin 2018.

Joachim Welz, *Vom Kontingentsheer zum Reichsheer: Militärkonventionen als Motor der Wehrverfassung*, Berlin 2018.

Donald Abenheim, Uwe Hartmann, *Einführung in die Tradition der Bundeswehr. Das soldatische Erbe in dem besten Deutschland, das es je gab*, Berlin 2019.

Eberhard Birk, Heiner Möllers (Hrsg.), *Die Luftwaffe und ihre Traditionen (aus der Reihe Schriften zur Geschichte der Deutschen Luftwaffe, Band 10)*, Berlin 2019.

Hans-Günter Behrendt (Hrsg.): *Erinnerungsorte der Bundeswehr – Personen, Ereignisse und Institutionen der soldatischen Traditionspflege*, Berlin 2020.

Dirk Drews, Stefan Gruhl (Hrsg.): *Oberst Reinhard Hauschild 1921–2005. Traditionsstifter für die Bundeswehr? Gedenkschrift zum 100. Geburtstag*, Berlin 2021.

Dieter Krüger, *Verständigung mit Frankreich. Das vergebliche Plädoyer des Oberst Dr. Hans Speidel. Paris 1940–1942*, Berlin 2021.

Martin Kutz, *Besuch im Soldatenhimmel. Ein wissenschaftlicher Reisebericht aus einer anderen Welt*, Berlin 2022.

Jahrbuch Innere Führung (seit 2009)

Uwe Hartmann, Claus von Rosen (Hrsg.), *Jahrbuch Innere Führung 2017. Die Wiederkehr der Verteidigung in Europa und die Zukunft der Bundeswehr*, Berlin 2017.

Uwe Hartmann, Claus von Rosen (Hrsg.), *Jahrbuch Innere Führung 2018. Innere Führung zwischen Aufbruch, Abbau und Abschaffung: Neues denken, Mitgestaltung fördern, Alternativen wagen*, Berlin 2018.

Uwe Hartmann, Claus von Rosen (Hrsg.), *Jahrbuch Innere Führung 2019. Bundeswehr im Aufbruch. Hindernisse von den verteidigungspolitischen Vorstellungen der AFD bis zu den sicherheitspolitischen Meinungen in der Zivilgesellschaft*, Berlin 2019.

Uwe Hartmann, Reinhold Janke, Claus von Rosen (Hrsg.), *Jahrbuch Innere Führung 2020. Zur Weiterentwicklung der Inneren Führung: Themen und Inhalte*, Berlin 2020.

Uwe Hartmann, Reinhold Janke, Claus von Rosen (Hrsg.), *Jahrbuch Innere Führung 2021/22. Ein neues Mindset Landes- und Bündnisverteidigung?*, Berlin 2022.

Sicherheitspolitik

Wolf Graf v. Baudissin, *Grundwert: Frieden in Politik – Strategie – Führung von Streitkräften, herausgegeben von Claus von Rosen*, Berlin 2014.

Dirk Freudenberg, *Theorie des Irregulären – Erscheinungen und Abgrenzungen von Partisanen, Guerillas und Terroristen im Modernen Kleinkrieg sowie Entwicklungstendenzen der Reaktion, (3 Bände)*, Berlin 2017.

Markus Reisner, *Robotic Wars – Legitimatorische Grundlagen und Grenzen des Einsatzes von Military Unmanned Systems in modernen Konfliktszenarien*, Berlin 2018.

Helmut Fiedler, *Military Assistance – eine moderne Einsatzart zwischen Anspruch und Wirklichkeit*, Berlin 2019.

Joachim Weber (Hrsg.), *Konfliktraum Arktis. Die Großmächte und der Hohe Norden*, Berlin 2021.

Thomas Jäger, Ralph Thiele (Hrsg.), *Der Politische Islamismus als hybrider Akteur globaler Reichweite. Die liberale demokratische Ordnung muss ihre Resilienz stärken*, Berlin 2021.

Uwe Hartmann, *Die Nato. Mächte und Menschen in der transatlantischen Allianz*, Berlin 2021.

Carsten Rechtien, *Trumps Amerika – Eine geopolitische Revolution? Tradition und Neuausrichtung der US-Außenpolitik in der beginnenden Ära Trump*, Berlin 2022.

Hans-Peter Weinheimer, *Bevölkerungsschutz 2030 – Anleitung zur Überwindung eines "bewährten" Systems*, Berlin 2022.

Militär und Gesellschaft

Marcel Bohnert, Lukas J. Reitstetter (Hrsg.), *Armee im Aufbruch. Zur Gedankenwelt junger Offiziere in den Kampftruppen der Bundeswehr*, Berlin 2014.

Phil C. Langer, Gerhard Kümmel (Hrsg.), *„Wir sind Bundeswehr." Wie viel Vielfalt benötigen/vertragen die Streitkräfte?*, Berlin 2015.

Eberhard Birk, Peter Andreas Popp (Hrsg.), *Luftwaffenoffizier 21. Das Selbstverständnis des Luftwaffenoffiziers zu Beginn des 21. Jahrhunderts, (aus der Reihe Schriften zur Geschichte der Deutschen Luftwaffe, Band 5)*, Berlin 2016.

Alois Bach, Walter Sauer (Hrsg.), *Schützen.Retten.Kämpfen. Dienen für Deutschland*, Berlin 2016.

Marcel Bohnert, Björn Schreiber (Hrsg.), *Die unsichtbaren Veteranen. Kriegsheimkehrer in der deutschen Gesellschaft*, Berlin 2016.

Angelika Dörfler-Dierken (Hrsg.), *Hinschauen! Geschlecht, Rechtspopulismus, Rituale: Systemische Probleme oder individuelles Fehlverhalten?*, Berlin 2019.

<u>Standpunkte und Orientierungen</u>

Uwe Hartmann (Hrsg.), *Lernen von Afghanistan. Innovative Mittel und Wege für Auslandseinsätze*, Berlin 2015.

Uwe Hartmann, *Hybrider Krieg als neue Bedrohung von Freiheit und Frieden. Zur Relevanz der Inneren Führung in Politik, Gesellschaft und Streitkräften*, Berlin 2015.

Hartwig von Schubert, *Integrative Militärethik. Ethische Urteilsbildung in der militärischen Führung*, Berlin 2015.

Martin Sebaldt, *Nicht abwehrbereit. Die Kardinalprobleme der deutschen Streitkräfte, der Offenbarungseid des Weißbuchs und die Wege aus der Gefahr*, Berlin 2017.

Uwe Hartmann, *Der gute Soldat. Politische Kultur und soldatisches Selbstverständnis heute*, Berlin 2018.

Helmut Jermer, *Innere Führung kompakt. Eine Zusammenschau als Lehr- und Lernhilfe*, Berlin 2019.

Martin Sebaldt, *Das Elend der Strategen. Warum die deutsche Militärpolitik versagt*, Berlin 2020.

Hannes Wendroth, *Gute Führung – (k)ein Selbstgänger. Kleine Führungshilfe mit praktischen Hinweisen und persönlichen Anmerkungen*, Berlin 2022.

Hans-Christian Witthauer, Thomas Saller, *Führung und das 3 Alpha Prinzip. Militärisches Handwerkszeug für den zivilen Führungsalltag*, Berlin 2023.

www.miles-verlag.jimdo.com